amuse & bouche

70 edle Häppchen

Bitte überzeugen Sie sich, dass Sie dieses Buch in unbeschädigtem Zustand übernehmen, da die Bibliothek Sie für jede nach der Rückgabe festgestellte Beschädigung haftbar machen muss!

Please treat our books carefully, otherwise you are liable for damages.

Stadtbibliothek Halle (Saale)

Inhalt

Vorwort	7
Einleitung	8
Löffel & Glas	12
Quiches, Tartelettes & Törtchen	40
Teigtaschen & Co.	58

Feinstes vom Teller	76
Ausgewählt & aufgespießt	102
Frittiert & ungewöhnlich	120
Klein & süß	136
Register	158

Vorwort

Perfekt einladen & genussvoll starten leicht gemacht!

Der Reigen unserer Amuse-Bouches lässt keine Wünsche offen. Klassiker wie Austern mit Prosecco, Pastetchen oder Crème brûlée haben uns zu neuen, überraschenden Kombinationen inspiriert. Luftiges und Leichtes, Hartes und Zartes, Süßes und Salziges treffen immer wieder anders aufeinander, gefüllt, gerollt oder aufgespießt. Ein wahres Vergnügen für Genießer – ein amusement im besten Sinne.

Die Rezepte bestechen durch Einfachheit und die Zutaten sind gut erhältlich. Überraschen Sie sich und Ihre Gäste mit Gaumenfreuden, denen wir kulinarischen Star-Appeal attestieren. Ob als Gruß aus der Küche, als Büfett kleiner Köstlichkeiten oder als Mitbringsel im Kleinformat zu einem Aperitif – für jeden Anlass findet sich das Passende.

Auch das Präsentieren ist leicht – gewusst, wie! Ein Gang durch Küchenfachgeschäfte, ein Streifzug durch Antikläden oder über den Flohmarkt und schon besitzen Sie eine Auswahl hübscher Gläser und Tellerchen in verschiedensten Formen. So sind die Mini-Gerichte in kürzester Zeit effektvoll hergerichtet und der Augen- und Gaumenschmaus genussbereit.

Viel Spaß beim Finden Ihrer Lieblinge im Mini-Format!

Ihre Feride Dogum & Pia Grimbühler

Einleitung

Für die Zubereitung dieser meist sehr kleinen Häppchen haben wir nachfolgend einige Profi-Tipps und Tricks zusammengestellt. Gutes Gelingen!

Abwiegen der Zutaten

Ein Muss bei der Rezeptzubereitung aus diesem Buch ist das genaue Abwiegen aller Zutaten. Da für die Amuse-Bouches oft nur ganz kleine Zutatenmengen benötigt werden, ist es wichtig, exakt abzumessen und sich an die Mengenangaben zu halten.

Vorbereiten

Gut vorbereitet ist halb gekocht! Lassen Sie sich bei der Vorbereitung genügend Zeit, damit alle Zutaten genau abgewogen sind und Sie die Häppchen in Ruhe anrichten können. Die Zubereitung der Häppchen erfordert Fingerspitzengefühl, damit das Ergebnis ganz groß rauskommt.

Ein Tipp für gebackene Häppchen: Sie können unmittelbar vor dem Servieren nochmals kurz aufgebacken werden, damit sie warm und aromatisch auf den Tisch kommen. Suppen und andere warme Speisen können auch über einem temperierten Wasserbad warm gehalten werden.

Die Pinzette, Helferin für den Feinschliff

Oft sind die Mini-Snacks filigran. Eine Pinzette hilft, den kleinen Häppchen das Finish zu geben. In einem gut sortierten Küchenfachgeschäft werden Sie fündig, sonst tut es eine ganz normale Pinzette.

Das Wasserbad

Bei einigen Rezepten ist das Schmelzen oder Aufschlagen im Wasserbad erforderlich. Dafür benötigt man eine Edelstahlschüssel und eine hohe Pfanne oder einen flachen Topf mit etwas kleinerem Durchmesser, sodass die Schüssel auf die Pfanne / den Topf gesetzt werden kann, sie aber das Wasser nicht berührt. Wasser in Pfanne oder Topf 2–3 cm hoch einfüllen und zum Kochen bringen, dann die Temperatur reduzieren. Die Schüssel auf das Wasserbad setzen und die Zutaten langsam unter Rühren schmelzen oder aufschlagen.

Blätterteig-Pastetchen

Die Mini-Version von Pasteten erfordert etwas Geschick, mit kleinen Tricks sind sie aber ganz einfach zu backen. Den gut gekühlten Blätterteig ausrollen. Mit einem Ausstecher 16 Teigkreise von 4 cm Ø zügig ausstechen. 8 Teigböden auf ein Backblech legen und mit einer Gabel dicht an dicht einstechen. Die Ränder mit verquirltem Ei bestreichen. Die übrigen Teigkreise nochmals mit einem Ausstecher von 3 cm Ø ausstechen. Die so entstandenen Teigringe auf die Böden legen und auch diese Ringe mit wenig Ei bestreichen. Ist der Teig inzwischen etwas warm geworden, die Pastetchen vor dem Backen nochmals ca. 15 Minuten gut durchkühlen. Anschließend die Pastetchen gemäß Rezept backen, bis sie goldbraun sind.

Häppchen aus dem Tiefkühlfach

Einige Gebäcke lassen sich sehr gut in doppelter Portion zubereiten und tiefkühlen. Einfach die fertig gebackenen Häppchen gut auskühlen lassen. Lagenweise getrennt in gut verschließbare Behälter verpacken und tiefkühlen. Die Häppchen rechtzeitig vor dem Servieren herausnehmen, auftauen lassen und nochmals kurz aufbacken.

Tipp: Blätterteiggebäck wie die gefüllten Hörnchen und Camembert-Täschchen ungebacken tiefkühlen, auftauen und erst kurz vor dem Servieren backen.

Dämpfen leicht gemacht

Es gibt verschiedene Möglichkeiten zu dämpfen, ob im Bambuskörbchen, im Siebeinsatz für den

Dampfgarer oder im Dämpfkorb. Als Unterlage für das Gargut können in jedem Fall Chinakohlblätter oder andere größere Gemüse- oder Salatblätter verwendet werden. Alternativ einfach ein Backpapier auf die entsprechende Form zuschneiden, kleine Löcher für den austretenden Dampf hineinstechen und das Papier auf den Siebeinsatz legen. Das Gargut darauflegen und wie im Rezept angegeben dämpfen.

Brandteig richtig gemacht ❹
Damit die Küchlein beim Backen schön aufgehen, den Brandteig unbedingt nach Vorschrift zubereiten. So wird das Mehl, wenn die Flüssigkeit köchelt, in einem Schwung zugegeben und mit einem Holzlöffel gut verrührt. So lange rühren, bis ein geschmeidiger Kloß entsteht. Anschließend muss der Kloß auf hoher Stufe ca. 1–2 Minuten von allen Seiten unter Rühren erhitzt werden, ohne dass der Teig anbrennt. Es bildet sich ein Bodensatz, der Vorgang wird als „Abbrennen" bezeichnet. Den Teig etwas abkühlen lassen und 1 verquirltes Ei nach und nach unterrühren. Der Teig soll vom Löffel fallen, darf aber nicht fließen.

Tipp: Beim Backen der Küchlein den Backofen nicht öffnen, sonst kann das Gebäck zusammenfallen.

Kräuter frittieren ❺
Mit knusprigen Kräutern verleihen Sie Ihren Häppchen effektvoll den letzten Schliff. Frische Kräuter nach Wahl (Basilikum, Dill, Salbei, Koriander, Petersilie) werden in wenig Öl ausgebacken. Dazu in einer kleinen Bratpfanne Pflanzenöl heiß werden lassen. Die gereinigten und trockengeschüttelten Kräuter darin portionsweise ca. 5 Sekunden frittieren, mit einer Schaumkelle oder einer Zange herausnehmen und auf Küchenpapier abtropfen lassen. Vorsicht! Wenn Sie die Kräuter ins heiße Öl geben, kann es spritzen.

Blüten kandieren
Den Gerichten mit kandierten Blüten das gewisse Etwas zu verleihen ist ebenfalls nicht schwer. Zum Kandieren eignen sich essbare Blüten wie z. B. Rosen, Gänseblümchen, Veilchen, Borretsch oder Ringelblumen. Unbehandelte essbare Blüten werden abgespült und trockengeschüttelt. Die Blüten oder abgezupften Blütenblätter beidseitig mit wenig Eiweiß bestreichen, sorgfältig in Zucker wenden und auf ein mit Backpapier belegtes Blech legen. Den Backofen auf 80 °C (Umluft 60 °C) vorheizen und die Blüten darin trocknen lassen. Die Trockenzeit hängt von der Art der Blüten, deren Größe und dem Backofen ab, sie beträgt ca. 20 Minuten bis zu 1 Stunde, immer wieder prüfen. Nur vollständig getrocknete Blüten aus dem Ofen nehmen.

Kandierte Blüten können locker zwischen Küchenpapier gebettet in einer gut verschlossenen Dose ca. 2–3 Tage aufbewahrt werden.

Büfetts einfach zusammengestellt
Haben Sie eine Einladung mit Büfett geplant? Dann kombinieren Sie Gerichte aus den verschiedenen Kapiteln. Aus einer Vielfalt von Gemüse, Fleisch und Fisch tischen Sie so ganz einfach höchst abwechslungsreiche Köstlichkeiten auf. Bei der Auswahl darauf achten, dass sich gut vorzubereitende Häppchen mit solchen, die à la minute fertiggestellt werden müssen, die Waage halten. Für eine schöne Auswahl auf dem Büfett dürfen 7–10 verschiedene Häppchen pro Person gerechnet werden. Vergessen Sie die Vegetarier nicht! Planen Sie für das Büffet auf jeden Fall 2–3 Häppchen ohne Fleisch und Fisch ein.

Amuse-Bouches als Vorspeise serviert
Die Rezepte sind für 8 Portionen ausgelegt. Die Gerichte können einfach zu Vorspeisen für 4 Personen umfunktioniert werden, indem pro Person eine doppelte Portion serviert wird. Nach Bedarf einfach mit einem kleinen Salat ergänzen und schon ist die Vorspeise zum Servieren bereit.

Was trinken wir dazu?
Für die meisten Rezepte eignen sich nebst Mineralwasser leichte Weißweine, spritziger Prosecco oder perlender Champagner. Auch ein Bier schmeckt durchaus dazu.

Löffel & Glas

Raffiniert servierte Köstlichkeiten? Kein Problem! Im Löffel und im Glas präsentieren Sie diese Häppchen von ihrer glanzvollsten Seite. Zart geschmorte Lammwürfel in Öl, Sweet-Chili-Eis mit Garnelen oder luftiges Sellerie-Mousse – wie es beliebt. Und als Highlight: eine Leber-Paté à la française.

Gebackene Edamame

Zur eiweiß- und vitaminreichen Japanerin passt besonders gut ein Bier.

Zubereitung: 15 Minuten plus etwa 5 Minuten Backzeit
Ergibt etwa 8 Portionen

Zutaten

100 g Edamame (junge grüne Sojabohnen, aus dem Asia-Laden)
1 EL Parmesan
1 TL Paniermehl
½ EL Olivenöl
½ TL feines Meersalz

Außerdem

8 Amuse-bouche-Löffel

▮ Den Backofen auf 220 °C (Umluft 200 °C) vorheizen. Die Edamame aus den Schoten lösen und in eine Schüssel geben. Parmesan, Paniermehl, Olivenöl und Salz hinzugeben und alles vermengen. Die Bohnenmischung auf einem mit Backpapier belegten Blech verteilen.

▮ Die Edamame-Mischung im vorgeheizten Ofen auf der mittleren Schiene etwa 5 Minuten backen. Herausnehmen und etwas abkühlen lassen. Auf die Löffel verteilen und servieren.

Champignons mit Hüttenkäse

Cremig-frische Haube für den erdigen Gesellen

Zubereitung: 20 Minuten
Ergibt 8 Stück

Zutaten

8 große Champignons
1 EL Olivenöl
75 g Hüttenkäse
½ Frühlingszwiebel
Fleur de Sel
frisch gemahlener schwarzer Pfeffer

Außerdem

8 Amuse-bouche-Löffel

Die Champignons mit einem Pinsel putzen und die Stiele herausbrechen. In einer beschichteten Pfanne das Olivenöl bei mittlerer Temperatur erhitzen. Die Champignons darin etwa 5 Minuten rundum braten. Herausnehmen und auf einem Teller etwas abkühlen lassen. Inzwischen den Hüttenkäse in ein Sieb geben, unter kaltem Wasser abspülen und in die Champignons füllen. Die Frühlingszwiebel fein schneiden und auf dem Hüttenkäse verteilen. Mit Fleur de Sel und Pfeffer würzen.

Reisperlen auf Mango-Chutney

Ein Hauch Exotik, ästhetisch präsentiert

Zubereitung: 50 Minuten plus etwa 10 Minuten Kochzeit plus 20 Minuten Dämpfzeit
Ergibt etwa 8 Stück

Zutaten

Für das Mango-Chutney
2 cm frische Ingwerwurzel
1 Knoblauchzehe
1 Frühlingszwiebel
1 Stängel Zitronengras
1 rote Chilischote
1 reife Mango
1 EL Rapsöl
25 ml Essig
25 g Rohzucker
1 Prise Salz

Für die Reisperler
50 g Duftreis
1 Frühlingszwiebel
2 Stängel Zitronengras
1 rote Chilischote
100 g gemischtes Hackfleisch
1 EL Maisstärke
1 TL Rohzucker
½ TL Salz

Außerdem
Bambus- oder Dämpfkorb
Romana-Salat- oder Chinakohlblätter
8 Amuse-bouche-Löffel

Zum Dekorieren
¼ Frühlingszwiebel

Für das Mango-Chutney den Ingwer und den Knoblauch schälen und fein hacken. Die Frühlingszwiebeln mit dem Grün und das Innere des Zitronengrasstängels ebenfalls fein hacken. Die Chilischote halbieren, von den Samen befreien und die Schote fein hacken. Die Mango schälen und fein würfeln. In einer Pfanne das Rapsöl erwärmen und Ingwer, Knoblauch, Frühlingszwiebel, Zitronengras und Chilischote darin andünsten. Die Mangowürfel zugeben und kurz mitdünsten. Essig, Rohzucker und Salz zufügen und alles aufkochen. Das Chutney bei reduzierter Temperatur noch etwa 5 Minuten köcheln lassen, in ein Glas füllen und dieses sofort bis zur Verwendung verschließen.

Für die Reisperlen den Duftreis in einem Sieb unter fließendem kaltem Wasser spülen, bis das Wasser klar bleibt. Den Reis gut abtropfen und auf einem Teller trocknen lassen. Die Frühlingszwiebel mit dem Grün und das Innere des Zitronengrasstängels fein hacken. Die Chilischote halbieren, von den Samen befreien und fein hacken. Das Hackfleisch in eine Schüssel geben. Frühlingszwiebel, Zitronengras, Chilischote, Maisstärke und Rohzucker zugeben und mit Salz würzen. Alles miteinander gut verkneten und zu acht kleinen Bällchen oder »Perlen« formen. Die Bällchen im Reis wenden, gut andrücken. Den Bambuskorb mit Salat- oder Kohlblättern auskleiden und die Bällchen darauflegen. Den Deckel aufsetzen und den Korb in eine Pfanne stellen, die etwa 2 cm hoch mit heißem Wasser gefüllt ist. Die Hackbällchen etwa 20 Minuten dämpfen. Die Frühlingszwiebel fein schneiden.

Das Mango-Chutney auf die Löffel verteilen und die Reisperlen daraufsetzen. Mit Frühlingszwiebeln dekorieren.

Konfierte Lammwürfel in Olivenöl

Saftig-zarter Gruß, im Ofen konfiert

Zubereitung: 40 Minuten plus etwa 20 Minuten Konfierzeit
Ergibt etwa 8 Portionen

Zutaten

1 Bio-Zitrone
8 Zweige Thymian
1 TL schwarze Senfsamen
200 ml Olivenöl plus 1 EL Olivenöl zum Braten
250 g Lammlachs (aus dem Lammrücken)

Außerdem

8 ofenfeste Gläschen von je etwa 100 ml Volumen
Olivenbrot
Fleur de Sel

- Den Backofen auf 80 °C (Umluft 60 °C) vorheizen. Von der Zitrone mit einem Sparschäler acht Streifen abschälen. Zitronenschale, Thymianzweige, Senfsamen und Olivenöl in die Gläschen verteilen. Die Gläschen auf ein Blech stellen und alles im vorgeheizten Backofen auf der mittleren Schiene etwa 20 Minuten erwärmen.

- Das Lammfleisch in acht Würfel schneiden. In einer beschichteten Pfanne 1 EL Olivenöl bei hoher Temperatur erhitzen. Die Fleischwürfel darin etwa 3 Minuten rundum scharf anbraten. Auf Küchenpapier abtropfen lassen. Das Blech aus dem Ofen nehmen und in jedes Glas einen Fleischwürfel geben. Darauf achten, dass die Würfel vollständig mit Öl bedeckt sind. Das Blech wieder in den Ofen schieben und die Lammfleischwürfel etwa 20 Minuten sanft schmoren beziehungsweise konfieren. Noch warm mit Olivenbrot und Fleur de Sel servieren.

Gemüsewürfel mit Balsamico-Honig

Süß-salzig und sommerlich leicht!

Zubereitung: 15 Minuten plus 15 Minuten Kochzeit plus etwa 2 Stunden Kühlzeit
Ergibt etwa 8 Stück

Zutaten

Für die Gemüsewürfel
2 TL fettfreies Gemüsebouillonpulver
30 g Fenchel, fein gewürfelt
30 g Karotte, fein gewürfelt
30 g Kohlrabi, fein gewürfelt
30 g gelbe Peperoni fein gewürfelt
30 g Zucchini, fein gewürfelt
2 ½ Blatt Gelatine
4 Stängel Kerbel

Für das Topping
2 EL Akazienhonig
1 EL Balsamico-Essig
1 Handvoll Kerbelspitzen

Außerdem
eine Form (etwa 10 × 14 cm), mit Klarsichtfolie ausgelegt
8 Amuse-bouche-Löffel

Für die Gemüsewürfel in einem Topf 250 ml Wasser mit der Bouillon aufkochen. Die Gemüsewürfel hineingeben und bei mittlerer Temperatur etwa 5 Minuten köcheln lassen. Den Topf vom Herd nehmen. Die Gelatineblätter in kaltem Wasser etwa 10 Minuten einweichen, ausdrücken und zur Bouillon geben, darin auflösen. Die Mischung etwas abkühlen lassen. Den Kerbel fein hacken und vorsichtig unterrühren. In eine Form gießen, kühl stellen und etwa 2 Stunden vollständig erstarren lassen.

Für das Topping in einer kleinen Schüssel Akazienhonig und Balsamico-Essig gut verrühren. Die Gemüsesülze auf ein Brett stürzen und in etwa 2,5 cm große Würfel schneiden. Die Würfel auf den Löffeln anrichten, den Balsamico-Honig darüberträufeln und mit Kerbelspitzen dekorieren.

Avocado-Creme mit Passionsfrucht-Sauce

Frischer und leidenschaftlicher Gaumengenuss

Zubereitung: 15 Minuten plus 20 Minuten Kochzeit plus 1 Stunde Kühlzeit
Ergibt etwa 8 Portionen

Zutaten

Für die Avocado-Creme
100 ml Gemüsebrühe
100 g mehligkochende Kartoffeln, gewürfelt
1 reife Avocado
50 ml Milch
50 ml Sahne
Salz
frisch gemahlener schwarzer Pfeffer

Für das Topping
1 Passionsfrucht
1 EL Zucker
½ Bund glatte Petersilie zum Dekorieren

Außerdem
8 Gläschen von je etwa 75 ml Volumen

Für die Avocado-Creme in einem Topf die Gemüsebrühe aufkochen. Die Kartoffelwürfel darin 15 Minuten weich kochen. Abgießen und abkühlen lassen. Die Avocado halbieren, vom Kern befreien und schälen. Die Hälfte des Fruchtfleisches würfeln, mit den Kartoffelwürfeln, der Milch und der Sahne mit einem Pürierstab zu einer feinen Creme verarbeiten. Mit Salz und Pfeffer abschmecken. Die Avocado-Creme 1 Stunde kühl stellen.

Für das Topping die Passionsfrucht halbieren und das Fruchtfleisch herauslöffeln. In eine kleine Pfanne geben, mit dem Zucker unter Rühren kurz aufkochen und abkühlen lassen. Die zweite Hälfte der Avocado wieder halbieren. Eine Hälfte für eine weitere Verwendung aufbewahren (siehe Tipp). Die andere Avocadohälfte fein würfeln und die Petersilie fein hacken. Die Avocado-Creme durchrühren und in die Gläschen füllen. Mit Passionsfrucht-Sauce und Avocado-Würfeln dekorieren, die Petersilie darüberstreuen.

Tipp: Die übrige Avocado für eine Salatbeilage verwenden.

Sellerie-Mousse mit Erdnuss-Sauce

Exquisiter Schaum mit Mandelpüree und knackigen Erdnüssen

Zubereitung: 20 Minuten plus 10 Minuten Einweichzeit plus 10 Minuten Kochzeit plus 2 Stunden Kühlzeit
Ergibt etwa 8 Portionen

Zutaten

Für die Sellerie-Mousse
- 1 Blatt Gelatine
- 200 g Knollensellerie
- Salz
- frisch gemahlener weißer Pfeffer
- 1 EL Limettensaft
- 1 EL weißes Mandelmus
- 1 frisches Eiweiß
- 100 ml Sahne

Für die Erdnuss-Sauce
- 2 EL geröstete, gesalzene Erdnüsse
- 2 Stängel Kerbel
- 2 EL Olivenöl
- 1 EL weißer Balsamico-Essig
- ½ TL abgeriebene Schale von 1 Bio-Limette
- Salz
- frisch gemahlener schwarzer Pfeffer

Außerdem
- 8 Gläschen von je etwa 75 ml Volumen
- 1 Handvoll Kerbelspitzen zum Dekorieren

- Für die Sellerie-Mousse das Gelatineblatt in kaltem Wasser etwa 10 Minuten einweichen und den Knollensellerie würfeln. Salzwasser aufkochen und den Sellerie darin weich kochen. Durch ein Sieb abgießen, gut abtropfen lassen. In einem hohen Gefäß mit einem Pürierstab zu einer feinen Creme verarbeiten, würzen. Die Gelatine ausdrücken und unter die warme Creme rühren, darin auflösen. Die Creme durch ein Sieb in eine Schüssel streichen. Limettensaft und Mandelmus gut untermischen, abkühlen lassen. Eiweiß und Sahne separat steif schlagen. Die Selleriecreme umrühren, den Eischnee und die Schlagsahne vorsichtig unterheben. Die Mousse in die Gläschen füllen und 2 Stunden kühl stellen.

- Für die Erdnuss-Sauce Erdnüsse und Kerbel fein hacken. Mit Olivenöl, Balsamico-Essig und Limettenschale mischen. Mit Salz und Pfeffer würzen, auf die Mousse verteilen und mit Kerbelspitzen dekorieren.

Tipp: Schlanke Gläschen mithilfe eines Spritzbeutels (alternativ mit einem Plastikbeutel, bei dem eine Ecke abgeschnitten wird) mit Mousse füllen.

Kartoffel-Bulgur-Frikadellen mit Granatapfelkernen

Minze, Zitrone und Granatapfelkerne verleihen hier das gewisse Etwas.

Zubereitung: 15 Minuten plus 20 Minuten Kochzeit
plus 1 Stunde Kühlzeit
Ergibt etwa 8 Stück

Zutaten

Für die Kartoffel-Bulgur-Frikadellen
150 g mehligkochende Kartoffeln, gewürfelt
50 g Bulgur
½ TL Kreuzkümmelpulver
4 Stängel glatte Petersilie
2 Stängel Minze
½ Frühlingszwiebel
½ TL abgeriebene Schale von 1 Bio-Zitrone
1 EL Olivenöl
Salz
frisch gemahlener schwarzer Pfeffer

Für das Topping
2 EL Granatapfelkerne
Zitronenzesten
Fleur de Sel
Olivenöl zum Beträufeln

Außerdem
8 Amuse-bouche-Löffel

Für die Frikadellen die Kartoffeln in Salzwasser knapp weich kochen. Den Bulgur zugeben und etwa 10 Minuten mitkochen. Abgießen und abkühlen lassen, mit Kreuzkümmel würzen. Alles zu einem homogenen Teig verkneten. Petersilie, Minze und Frühlingszwiebel fein hacken, mit der Zitronenschale und dem Olivenöl zum Kartoffelteig geben. Nochmals gut verkneten, mit Salz und Pfeffer würzen. Den Teig 1 Stunde kühl stellen. Mit kalt abgespülten Händen acht ovale Frikadellen formen und auf die Löffel verteilen. Granatapfelkerne, Zitronenzesten und Fleur de Sel darübergeben und mit Olivenöl beträufelt servieren.

Sweet-Chili-Eis mit gebratenen Garnelen

Heiß-kalt und sinnlich

Zubereitung: 25 Minuten plus 2 Stunden Gefrierzeit
Ergibt etwa 8 Portionen

Zutaten

Für das Sweet-Chili-Eis
1 frisches Ei
3 EL Sweet-Chili-Sauce
1 Prise Salz
100 ml Sahne

Für die Garnelen
1 EL Rapsöl
8 küchenfertige Garnelen, bis auf das Schwanzende geschält
Salz
frisch gemahlener schwarzer Pfeffer

Außerdem
8 Schälchen von je etwa 75 ml Volumen
Schnittlauchröllchen zum Dekorieren

Für das Sweet-Chili-Eis das Ei trennen. In einer Schüssel das Eigelb mit der Sweet-Chili-Sauce verquirlen. Das Eiweiß mit dem Salz steif schlagen, die Sahne ebenfalls steif schlagen. Eiweiß und Sahne vorsichtig unter die Eigelbmasse ziehen. Die Creme in die Schälchen verteilen und im Tiefkühlfach 2 Stunden gefrieren.

Die Schälchen mit dem Eis aus dem Tiefkühlfach nehmen. Für die Garnelen in einer beschichteten Pfanne das Rapsöl bei hoher Temperatur erhitzen. Die Garnelen auf dem Rücken längs bis etwa 1 cm vor dem Schwanzende aufschneiden und im heißen Öl etwa 3 Minuten braten. Mit Salz und Pfeffer würzen. Die Garnelen auf dem Eis anrichten und mit Schnittlauchröllchen dekorieren.

Löffel & Glas

Karotten-Mango-Süppchen

Fruchtig und überraschend leicht

Zubereitung: 10 Minuten plus 15 Minuten Kochzeit
Ergibt etwa 8 Portionen

Zutaten

Für das Karotten-Mango-Süppchen
1 EL Olivenöl
½ Zwiebel, fein gehackt
100 g Karotte, grob gerieben
100 g Mango, grob gerieben
200 ml Gemüsebrühe
½ TL Salz
1 Prise frisch gemahlener schwarzer Pfeffer

Für das Topping
50 ml Sahne
1 EL Mandelblättchen
Cayennepfeffer zum Dekorieren

Außerdem
8 Gläschen von je etwa 75 ml Volumen

Für das Karotten-Mango-Süppchen in einem Topf das Olivenöl bei mittlerer Temperatur erhitzen und die Zwiebel darin andünsten. Karotte und Mango zugeben und kurz mitdünsten. Die Gemüsebrühe angießen und die Suppe zugedeckt etwa 10 Minuten köcheln lassen. Die Suppe fein pürieren, mit Salz und Pfeffer würzen.

Für das Topping die Sahne halbfest schlagen. In einer beschichteten Pfanne ohne Fett die Mandelblättchen goldbraun rösten. Die Suppe in die Gläschen füllen, jeweils wenig Sahne daraufgeben. Mandelblättchen darüberstreuen und mit Cayennepfeffer dekorieren.

Kokos-Curry-Süppchen

Ein Hauch Exotik zu Beginn

Zubereitung: 10 Minuten plus 15 Minuten Kochzeit
Ergibt etwa 8 Portionen

Zutaten

Für das Kokos-Curry-Süppchen
250 ml Kokosmilch
100 ml Gemüsebrühe
½ Zwiebel
2 cm frische Ingwerwurzel
1 Knoblauchzehe
100 g Gartenerbsen (alternativ TK-Erbsen, aufgetaut)
2 TL Madras-Currypulver (alternativ Currypulver nach Belieben)
½ TL Salz
frisch gemahlener schwarzer Pfeffer
1 EL Limettensaft
1 TL Maisstärke
1 TL Zucker

Außerdem
8 Gläschen oder Tassen von je etwa 75 ml Volumen
getrocknete essbare Blütenblätter zum Dekorieren
Currypulver zum Dekorieren

Für das Kokos-Curry-Süppchen in einem Topf Kokosmilch und Gemüsebrühe aufkochen. Zwiebel, Ingwerwurzel und Knoblauch schälen und fein hacken. Mit den Erbsen in den Topf geben. Mit Currypulver, Salz und Pfeffer würzen. Die Suppe etwa 10 Minuten köcheln lassen, dann fein pürieren. Limettensaft, Maisstärke und Zucker verrühren, zur Suppe geben und alles unter Rühren nochmals etwa 5 Minuten köcheln lassen. Die Suppe in die Gläschen füllen. Blütenblätter darüberstreuen und mit Currypulver dekorieren.

Löffel & Glas

Tomaten-Sorbet mit Mozzarella-Perlen

Italienischer Klassiker einmal anders

Zubereitung: etwa 20 Minuten plus 10 Minuten Kochzeit
plus 3 Stunden Gefrierzeit
Ergibt etwa 8 Portionen

Zutaten

Für das Tomaten-Sorbet
300 g reife Kirschtomaten (z. B. Honigtomaten)
½ Bio-Limette
25 g Zucker
¼ TL Salz
frisch gemahlener schwarzer Pfeffer

Für die Mozzarella-Perlen
4 Basilikumblätter plus Basilikumblätter zum Dekorieren
1 EL Olivenöl
12 kleine Mozzarella-Kugeln
Fleur de Sel
frisch gemahlener schwarzer Pfeffer

Für das Topping
1 EL Akazienhonig
1 EL Balsamico-Essig

Außerdem
8 Gläschen oder Schälchen von je etwa 75 ml Volumen

- Für das Tomaten-Sorbet die Kirschtomaten waschen und halbieren. Von der Limette die Schale fein abreiben und den Saft auspressen. In einer Pfanne den Zucker bei mittlerer Temperatur karamellisieren, bis er leicht Farbe annimmt, dann die Pfanne vom Herd ziehen. Die Kirschtomaten zugeben und im Karamell schwenken. Limettensaft und -schale untermischen und alles etwas einköcheln lassen. Mit Salz und Pfeffer würzen. Die Tomatenmischung pürieren, durch ein Sieb in eine kleine Schüssel streichen und abkühlen lassen. Im Tiefkühlfach mindestens 3 Stunden gefrieren. Das Eis mit dem Mixer oder Pürierstab jede Stunde gut durchrühren.

- Für die Mozzarella-Perlen die Basilikumblätter fein schneiden und in einer Schüssel mit dem Olivenöl mischen. Die Mozzarella-Kugeln halbieren und unterheben. Mit Fleur de Sel und Pfeffer würzen.

- Das Sorbet etwa 5 Minuten vor dem Servieren aus dem Tiefkühlfach nehmen, mit einem Löffel Portionen abstechen und in die Gläschen verteilen. Die Mozzarella-Perlen darauf anrichten.

- Für das Topping den Akazienhonig und Balsamico-Essig verrühren und darüberträufeln. Mit gehackten Basilikumblättern dekorieren und sofort servieren.

Polpette mit Sugo

Der Geschmack von Oliven für mediterranes Flair

Zubereitung: 15 Minuten plus 15 Minuten Kochzeit plus etwa 8 Minuten Backzeit
Ergibt etwa 8 Stück

Zutaten

Für den Sugo
1 Schalotte
1 Knoblauchzehe
1 EL Olivenöl
200 g gehackte Tomaten aus der Dose
1 EL Tomatenmark
1 Lorbeerblatt
1 TL Zucker
½ TL Salz
frisch gemahlener schwarzer Pfeffer
8 entsteinte grüne Oliven

Für die Polpette
125 g Rindsgehacktes
1 Schalotte
8 Basilikumblätter plus Basilikumblätter zum Dekorieren
2 EL Paniermehl
½ TL Salz
frisch gemahlener schwarzer Pfeffer
1 EL Olivenöl

Außerdem
8 Amuse-bouche-Löffel

- Für den Sugo Schalotte und Knoblauch fein hacken. In einer Pfanne das Olivenöl bei niedriger Temperatur erwärmen. Schalotte und Knoblauch darin glasig werden lassen. Tomaten, Tomatenmark, Lorbeerblatt und Zucker zugeben. Mit Salz und Pfeffer würzen. Den Sugo etwa 15 Minuten köcheln lassen, bis die meiste Flüssigkeit verdampft ist. Die Oliven fein hacken, davon 2 TL für die Dekoration beiseitestellen. Die übrigen Oliven unter die Sauce mischen.

- Für die Polpette das Hackfleisch in eine Schüssel geben. Schalotte und Basilikumblätter fein hacken und zugeben. Paniermehl, Salz und Pfeffer ebenfalls zugeben und alles gut verkneten. Aus dem Teig acht Bällchen formen. In einer beschichteten Pfanne das Olivenöl bei hoher Temperatur erhitzen und die Polpette darin etwa 8 Minuten rundum braten. Den Sugo auf die Löffel verteilen, Polpette darauflegen und mit Oliven und Basilikumblättern dekorieren.

Löffel & Glas

Wasabi-Mousse mit Mohnspiralen

Scharfes in luftiger Form trifft auf Knusprig-Feines.

Zubereitung: 15 Minuten plus etwa 9 Minuten Backzeit
plus 30 Minuten Kühlzeit
Ergibt etwa 8 Portionen

Zutaten

Für die Wasabi-Mousse
75 g saure Sahne
50 ml Sahne
1 ½ TL Wasabi-Paste
1 TL Puderzucker
1 Prise Salz
1 EL Limettensaft

Für die Mohnspiralen
25 g Butter
1 Ei
½ TL Salz
frisch gemahlener schwarzer Pfeffer
50 g Mehl
1 EL Mohnsamen

Außerdem
8 Gläschen von je etwa 100 ml Volumen
1 Spritzbeutel mit 7-mm-Tülle (alternativ Plastikbeutel, bei dem die Spitze abgeschnitten wird)

- Für die Wasabi-Mousse in einem hohen Gefäß saure Sahne, Sahne, Wasabi-Paste, Puderzucker und Salz miteinander schaumig schlagen. Den Limettensaft untermischen. Die Mousse auf die Gläschen verteilen und etwa 30 Minuten kühl stellen.

- Für die Mohnspiralen den Backofen auf 220 °C (Umluft 200 °C) vorheizen. In einer Pfanne die Butter zerlassen und etwas abkühlen lassen. In einer Schüssel die Butter mit Ei, Salz und Pfeffer gut verrühren. Mehl und Mohnsamen untermischen. Den Teig in einen Spritzbeutel füllen und acht bis zehn kleine Spiralen auf ein mit Backpapier belegtes Blech spritzen. Die Spiralen im vorgeheizten Ofen auf der mittleren Schiene etwa 9 Minuten backen. Herausnehmen und abkühlen lassen, auf der Mousse anrichten und servieren.

Löffel & Glas

Leber-Paté mit Nussbrot-Chips

Herb-delikater Genuss à la française

Zubereitung: 25 Minuten plus 15 Minuten Kochzeit
plus 12 Stunden Kühlzeit
Ergibt etwa 8 Portionen

Zutaten

Für die Leber-Paté
100 g Rindsleber
1 EL Pflanzenöl
Salz
frisch gemahlener schwarzer Pfeffer
2 EL Noilly Prat
50 ml Sahne
50 g kalte Butter, gewürfelt
2 Zweige Thymian
¾ Blatt Gelatine
1 TL fettfreies Gemüsebouillonpulver
8 kernlose rote Trauben
Thymianblättchen zum Dekorieren

Für die Nussbrot-Chips
75 g Nussbrot
etwas Butter zum Bestreichen

Außerdem
8 Töpfchen von je etwa 50 ml Volumen

- Für die Paté die Leber in feine Streifen schneiden. In einer beschichteten Pfanne das Pflanzenöl bei hoher Temperatur erhitzen und die Leber darin scharf anbraten. Mit Salz und Pfeffer würzen, mit Noilly Prat ablöschen und etwas abkühlen lassen. Die Sahne angießen. Alles mit den Butterwürfeln in einer Küchenmaschine oder mit einem Pürierstab zu feiner Paté verarbeiten. Die Thymianblättchen abzupfen, einige für die Dekoration beiseitelegen. Die übrigen fein hacken und unter die Paté mischen. Die Paté in die Töpfchen füllen und kühl stellen.

- Das Gelatineblatt in kaltem Wasser etwa 10 Minuten einweichen. In einem Topf 100 ml Wasser mit der Bouillon aufkochen. Die Gelatine ausdrücken und unter die Bouillon rühren, darin auflösen. Etwas abkühlen lassen. Die Trauben vierteln und auf der Paté verteilen. Die Gelatine vorsichtig durch ein feines Sieb darübergießen. Etwas abkühlen lassen und zugedeckt 12 Stunden kühl stellen. Vor dem Servieren mit Thymianblättchen dekorieren.

- Für die Brot-Chips das Nussbrot in dünne Scheiben schneiden. Mit Butter bestreichen und vierteln. Die Brotscheiben in einer erhitzten Pfanne kurz anrösten und mit der Paté servieren.

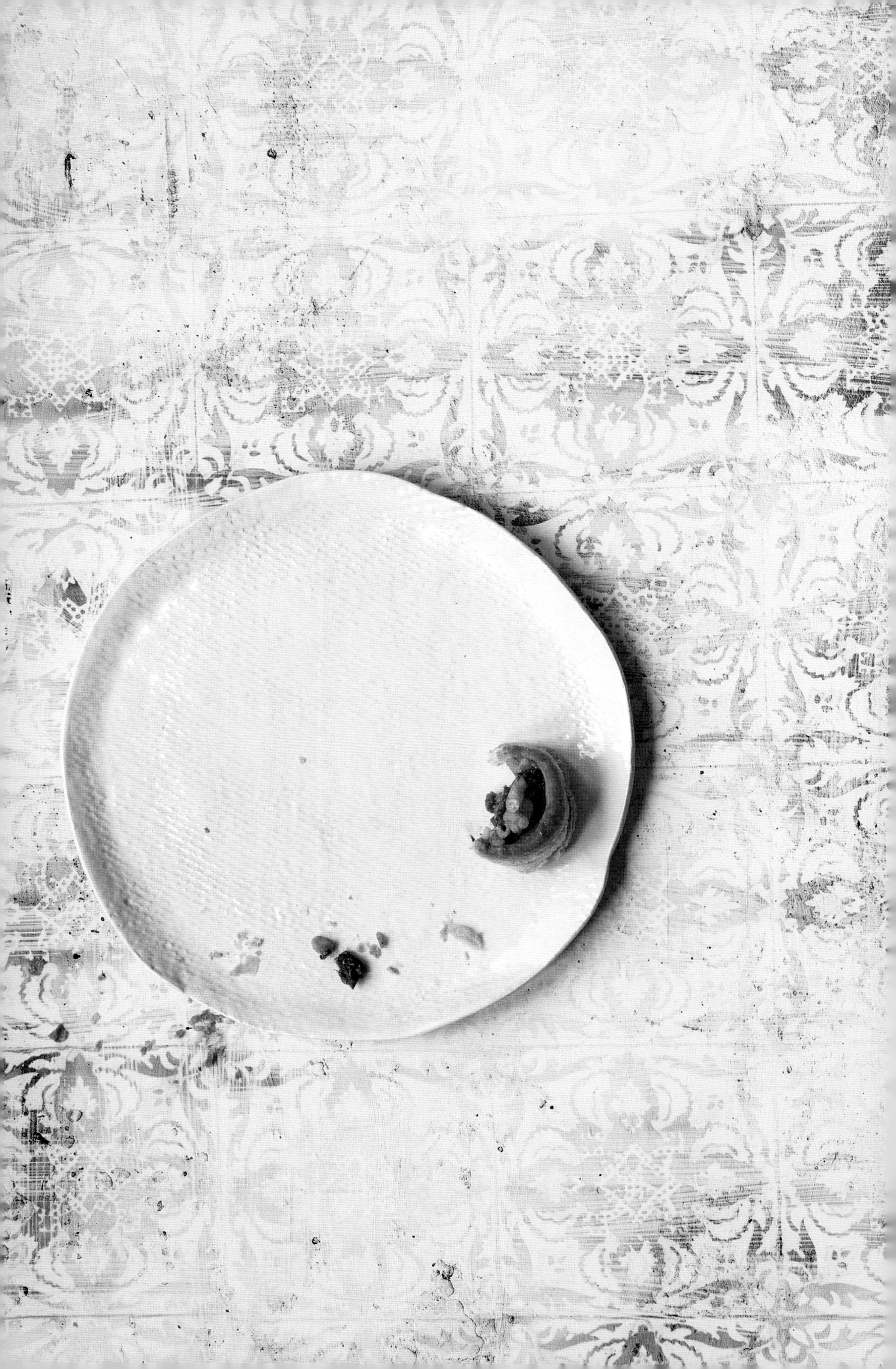

Quiches, Tartelettes & Törtchen

Zart und apart kommen sie daher, die hübschen Küchlein. Kontrastreiche Kombinationen, wunderbar anzuschauen und noch wunderbarer zu verspeisen. Grün-rosa die Erbsentörtchen mit Lachs und Dill. Orange-weiß die Tartelettes mit Cannellini-Bohnen und Miesmuscheln. Gut versteckt ist das Chili-Rot in den Brezelchen mit Frischkäse-Creme. Aber schmecken tun sie alle.

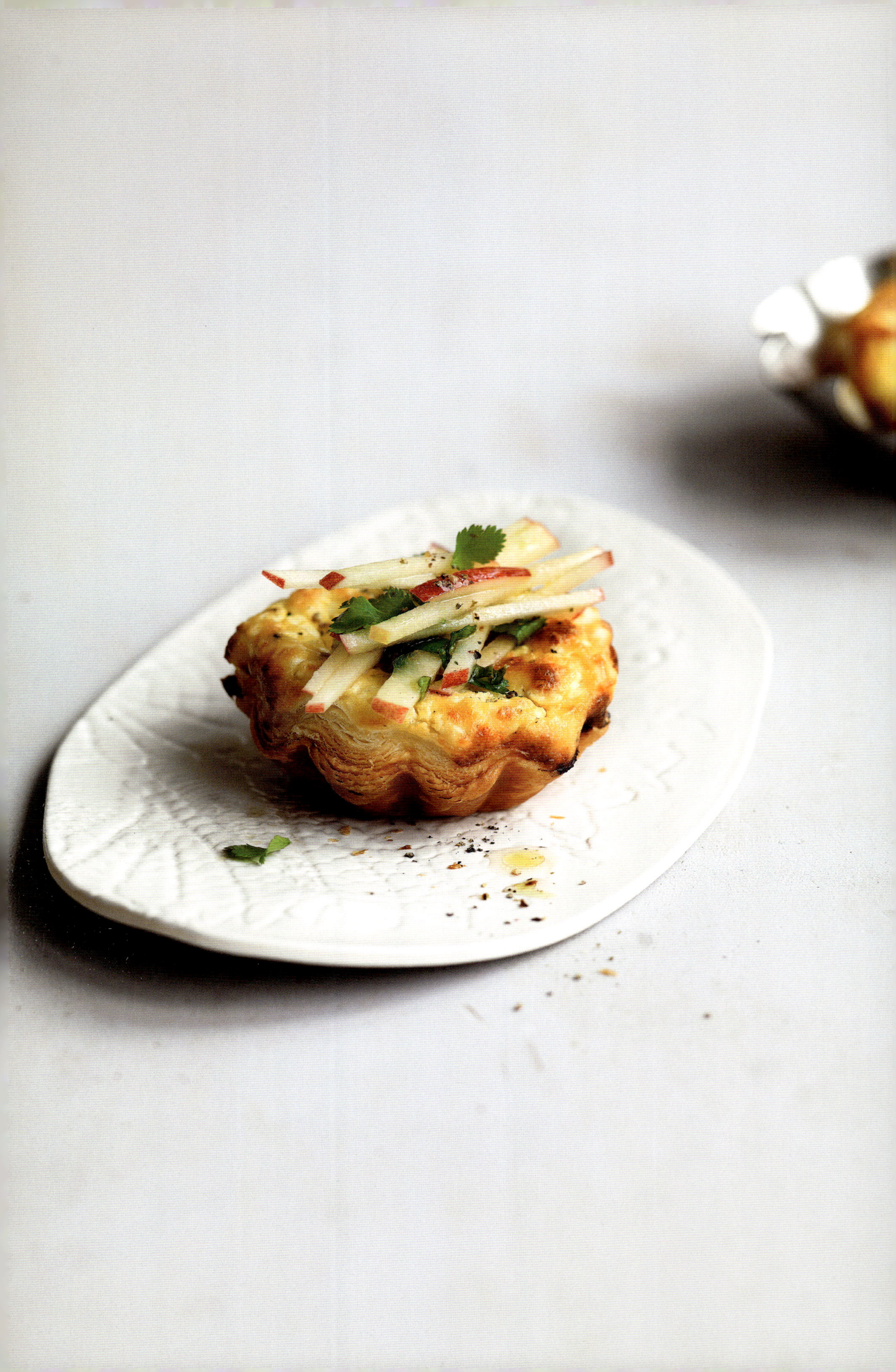

Quiches, Tartelettes & Törtchen

Hüttenkäse-Törtchen mit Apfel-Koriander-Minze-Salat

Herrlich leicht mit Apfel, Minze und Koriander. Perfekt zu einem Glas Weißwein!

Zubereitung: 35 Minuten plus etwa 25 Minuten Backzeit
Ergibt etwa 8 Stück

Zutaten

Für die Hüttenkäse-Törtchen
250 g Blätterteig (Fertigprodukt)
150 g Hüttenkäse
25 g Sbrinz, gerieben (alternativ ein anderer würziger Hartkäse)
1 Ei
1 EL Olivenöl
Salz
frisch gemahlener schwarzer Pfeffer
1 Bio-Limette

Für den Apfel-Koriander-Minze-Salat
1 Apfel
4 Stängel Koriander
2 Stängel Minze, die Blätter abgezupft
1 EL Olivenöl
1 EL Limettensaft
Salz
frisch gemahlener schwarzer Pfeffer

Außerdem
Mehl für die Arbeitsfläche
ein Muffin-Blech mit 8 Vertiefungen (je etwa 8 cm Ø)

Für die Hüttenkäse-Törtchen den Blätterteig auf einer mit Mehl bestaubten Arbeitsfläche etwa 35 × 35 cm groß ausrollen. Teigkreise von etwa 11 cm Ø ausstechen, mit einer Gabel dicht an dicht einstechen. In die Vertiefungen des Muffin-Blechs geben und kühl stellen.

Den Backofen auf 200 °C (Umluft 180 °C) vorheizen. Den Hüttenkäse mit Sbrinz, Ei, Olivenöl, ½ TL Salz und wenig Pfeffer mischen. Von der Limette die Schale fein abreiben. Die Limette filetieren, die Filets fein schneiden und mit dabei austretendem Saft unter die Käsemischung rühren. Die Masse in die Förmchen verteilen. Die Törtchen im vorgeheizten Ofen auf der unteren Schiene etwa 25 Minuten backen. Törtchen aus dem Ofen nehmen, etwas abkühlen lassen. Aus der Form nehmen und auf kleine Teller setzen.

Für den Salat den Apfel in Julienne schneiden. Koriander und Minze grob hacken, in einer Schüssel mit dem Apfel mischen. Aus Olivenöl, Limettensaft, Salz und Pfeffer eine Vinaigrette anrühren und den Salat damit anmachen. Den Salat auf die Törtchen verteilen, lauwarm servieren.

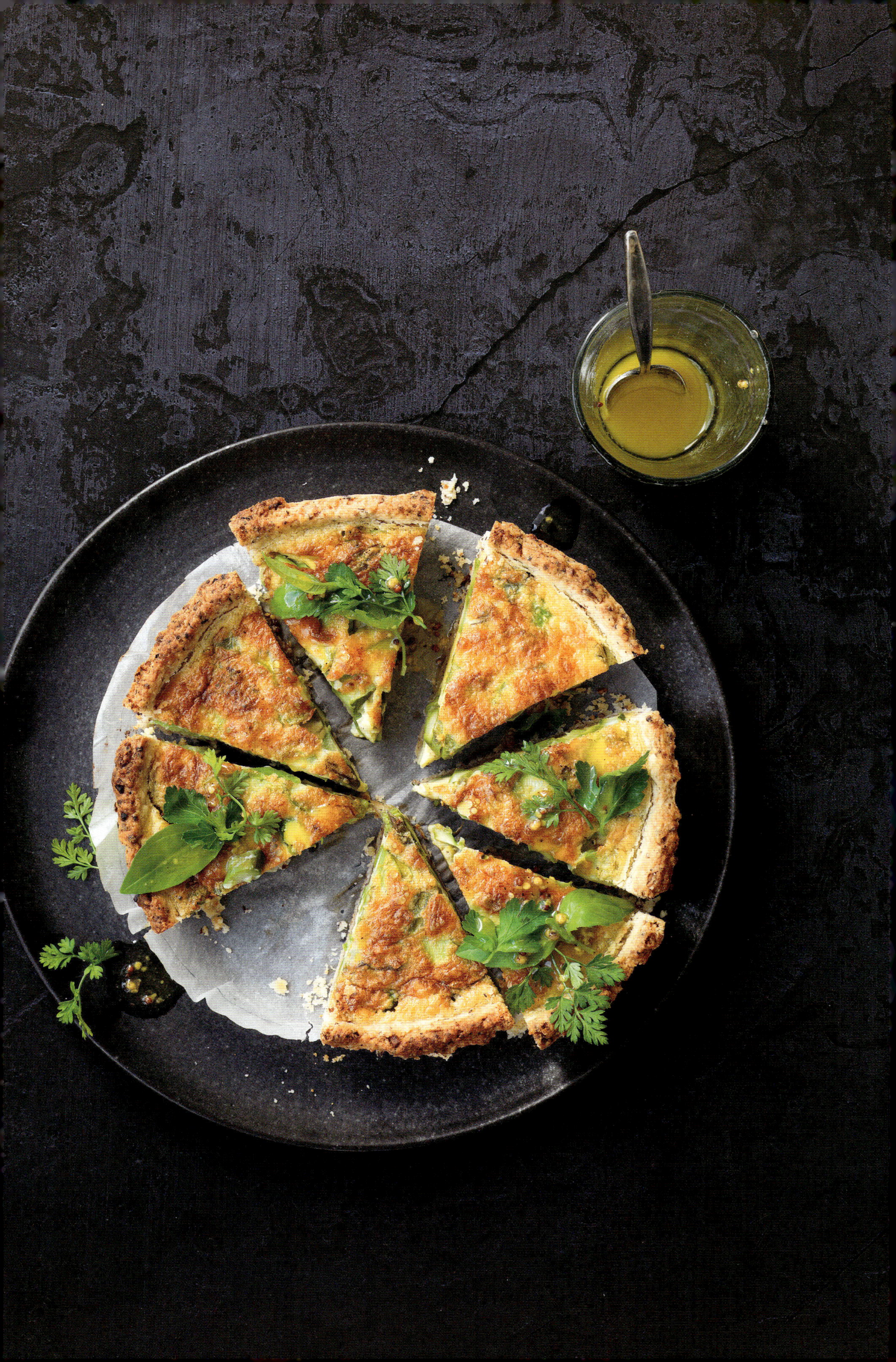

Quiches, Tartelettes & Törtchen

Spargel-Tartelette mit Kräutersalat

Frühsommerlicher Genuss, dazu perlender Champagner

Zubereitung: 40 Minuten plus etwa 20 Minuten Backzeit
Ergibt etwa 8 Stück

Zutaten

Für den Teig
75 g Mehl
40 g gemahlene Haselnusskerne
1 Msp. Salz
60 g kalte Butter

Für den Belag
100 g grüner Spargel
2 Eier
100 ml Sahne
1 EL Mehl
frisch geriebene Muskatnuss
Salz
frisch gemahlener schwarzer Pfeffer
4 Stängel Kerbel

Für den Kräutersalat
3 EL Pflanzenöl
1 ½ EL Essig
1 TL grobkörniger Senf
Salz
frisch gemahlener schwarzer Pfeffer
8 Stängel Kerbel
8 Basilikumblätter
4–8 Stängel glatte Petersilie

Außerdem
Mehl für die Arbeitsfläche
eine kleine Springform (etwa 16 cm Ø)

▌ Für den Teig in einer Schüssel Mehl, Haselnusskerne und Salz mischen. Die Butter in Flöckchen zugeben und mit den trockenen Zutaten krümelig reiben. Zu den Streuseln 2 EL Wasser geben und alles rasch zu einem homogenen Teig verarbeiten. Den Backofen auf 220 °C (Umluft 200 °C) vorheizen.

▌ Für den Belag den Spargel schälen und in feine Scheiben schneiden. In einer Schüssel die Eier mit Sahne, Mehl, Muskatnuss, Salz und Pfeffer verrühren. Den Kerbel fein schneiden und mit den Spargelscheiben unter die Ei-Sahne-Mischung heben. Den Teig auf einer mit Mehl bestaubten Arbeitsfläche rund (etwa 20 cm Ø) ausrollen, in die Form geben und mit einer Gabel dicht an dicht einstechen. Den Guss auf den Boden gießen. Die Tartelette im vorgeheizten Ofen auf der untersten Schiene etwa 20 Minuten backen. Herausnehmen, etwas abkühlen lassen und in acht Stücke schneiden.

▌ Für den Salat aus Pflanzenöl, Essig, Senf, Salz und Pfeffer eine Vinaigrette herstellen. Kerbel, Basilikum und Petersilie grob schneiden. Die Tartelette-Stücke auf Teller verteilen und mit dem Kräutersalat anrichten, die Vinaigrette darüberträufeln.

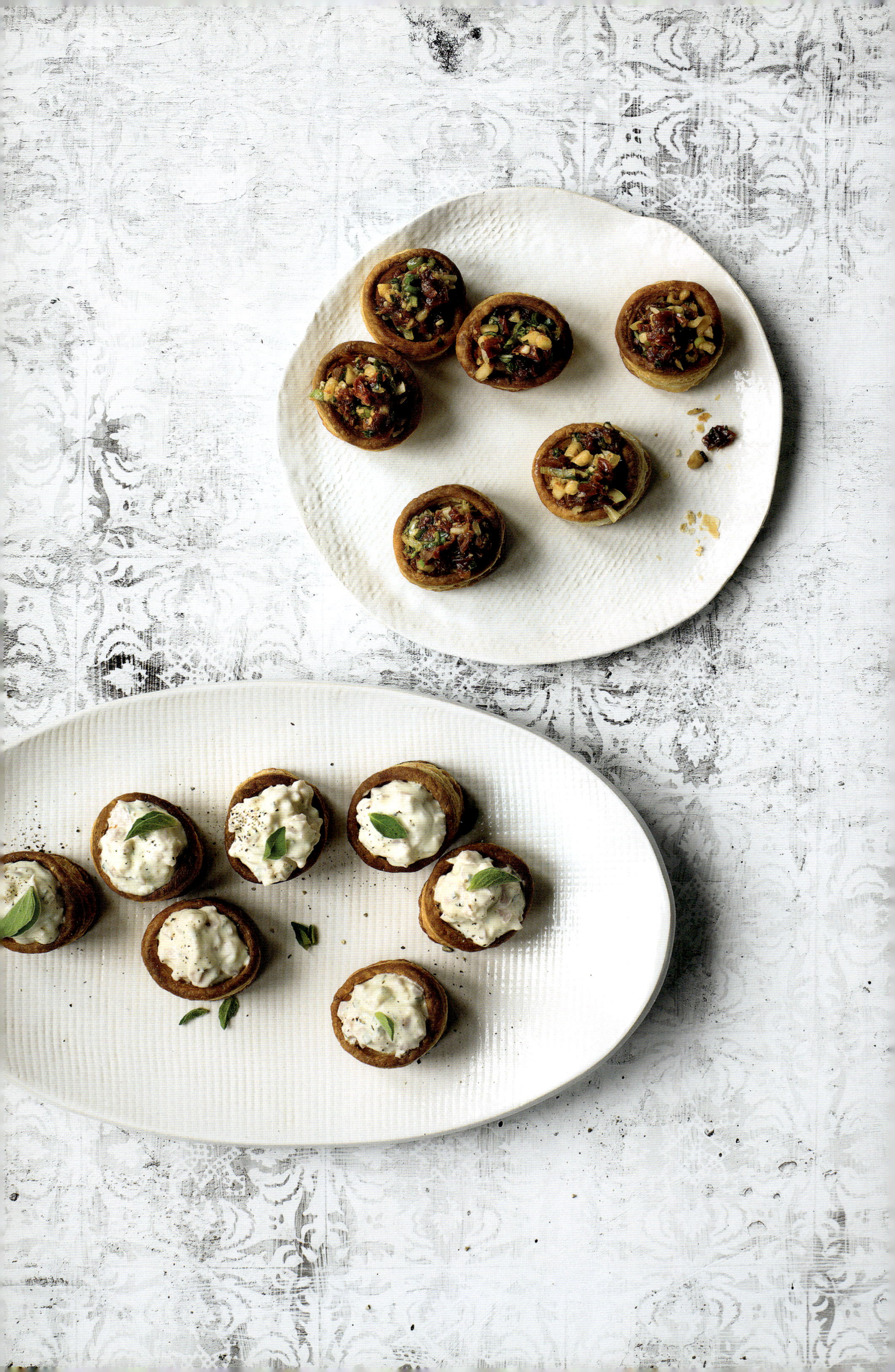

Quiches, Tartelettes & Törtchen

Schinkenpastetchen

Zubereitung: 35 Minuten plus etwa 9 Minuten Backzeit
Ergibt etwa 8 Stück

Zutaten

Für die Pastetchen
etwa 150 g Blätterteig (Fertigprodukt)
1 Ei

Für die Schinkenfüllung
75 g Schinken
1 EL Oreganoblättchen plus Oreganoblättchen zum Dekorieren
50 g Quark
1 EL Mayonnaise
1 TL Senf
Salz
frisch gemahlener schwarzer Pfeffer

Außerdem
Mehl für die Arbeitsfläche

- Für den Teig den Backofen auf 220 °C (Umluft 200 °C) vorheizen. Den Blätterteig auf einer mit Mehl bestaubten Arbeitsfläche ausrollen und insgesamt 16 Teigkreise von 4 cm Ø ausstechen. Die Hälfte der Teigkreise auf ein mit Backpapier belegtes Blech legen. Das Ei verquirlen, die Teigstücke damit bestreichen und anschließend mit einer Gabel dicht an dicht einstechen. Die andere Hälfte der Teigkreise nochmals (3 cm Ø) ausstechen, sodass ein Teigring entsteht. Die kleinen Teigkreise können mitgebacken und dazugereicht werden. Die Teigringe vorsichtig auf die Böden legen und ebenfalls mit Eigelb bestreichen (siehe Seite 8 f.). Die Pastetchen im vorgeheizten Ofen auf der mittleren Schiene etwa 9 Minuten goldbraun backen. Herausnehmen und abkühlen lassen.

- Für die Füllung Schinken und Oregano sehr fein hacken. In einer Schüssel mit Quark, Mayonnaise und Senf gut mischen. Die Füllung mit Salz und Pfeffer würzen. Die Füllung in die Pastetchen verteilen, mit mehr Oreganoblättchen dekorieren und etwas Pfeffer darüberstreuen.

Tomatenpastetchen

Zubereitung: 35 Minuten plus 9 Minuten Backzeit
Ergibt etwa 8 Stück

Zutaten

Für die Pastetchen
etwa 150 g Blätterteig (Fertigprodukt)
1 Ei

Für die Tomatenfüllung
25 g Pinienkerne
50 g getrocknete Tomaten in Öl
½ Frühlingszwiebel
2 Stängel Basilikum, die Blätter abgezupft
1 EL weißer Balsamico-Essig
Salz
frisch gemahlener schwarzer Pfeffer

Außerdem
Mehl für die Arbeitsfläche

- Für die Pastetchen den Backofen auf 220 °C (Umluft 200 °C) vorheizen. Den Blätterteig auf einer mit Mehl bestaubten Arbeitsfläche ausrollen und insgesamt 16 Teigkreise von 4 cm Ø ausstechen. Die Hälfte der Teigkreise auf ein mit Backpapier belegtes Blech legen. Das Ei verquirlen, die Teigstücke damit bestreichen und anschließend mit einer Gabel dicht an dicht einstechen. Die andere Hälfte der Teigkreise nochmals (3 cm Ø) ausstechen, sodass Teigringe entstehen. Die kleinen Teigkreise können mitgebacken und dazugereicht werden. Die Teigringe vorsichtig auf die Böden legen und ebenfalls mit Eigelb bestreichen (siehe Seite 8 f.). Die Pastetchen im vorgeheizten Ofen auf der mittleren Schiene etwa 9 Minuten goldbraun backen. Abkühlen lassen.

- Für die Füllung in einer Pfanne ohne Fett die Pinienkerne goldbraun rösten, abkühlen lassen und anschließend fein hacken. Die Tomaten gut abtropfen lassen und ebenfalls fein hacken. Frühlingszwiebel und Basilikumblätter in feine Streifen schneiden. In einer Schüssel alles mischen und mit dem Balsamico-Essig anmachen, mit Salz und Pfeffer würzen. Die Füllung in die Pastetchen verteilen.

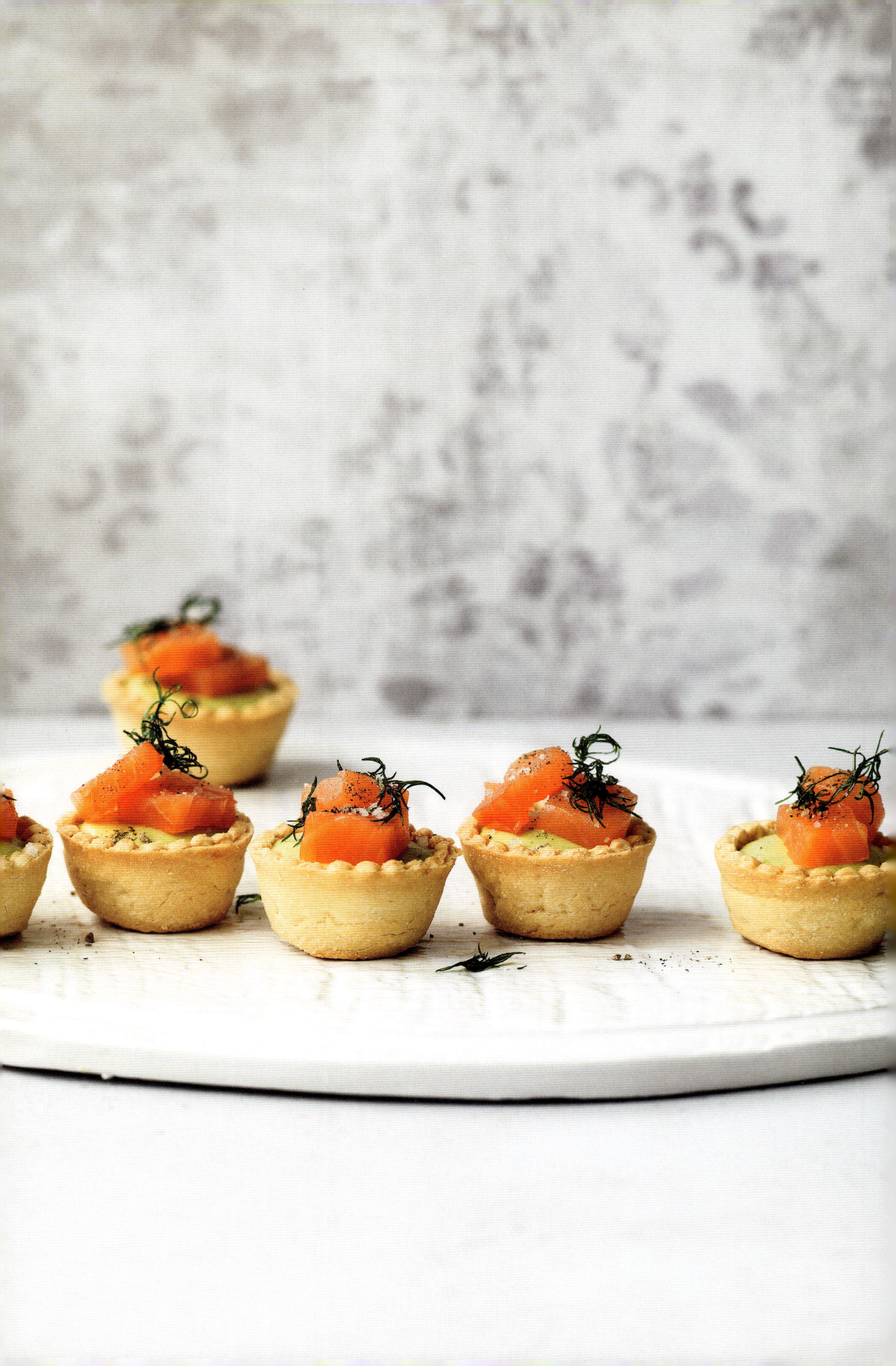

Erbsentörtchen mit Lachs und Dill

Schmackhafter Gruß vom Nordmeer auf pikantem Bett

Zubereitung: 20 Minuten plus 25 Minuten Einweich-, Koch- und Frittierzeit plus etwa 7 Minuten Backzeit plus 1 Stunde Kühlzeit
Ergibt etwa 8 Stück

Zutaten

Für die Törtchen
1 Blatt Gelatine
8 pikante kleine Tartelettes zum Aufbacken (Fertigprodukt, je etwa 3 cm Ø)
1 EL Olivenöl
50 g Gartenerbsen (alternativ TK-Erbsen, aufgetaut)
½ TL Salz
¼ TL Cayennepfeffer
40 g Sahnequark

Für das Topping
8 Stängel Dill
40 g Räucherlachs
Fleur de Sel
frisch gemahlener schwarzer Pfeffer

Außerdem
100 ml Öl zum Frittieren

- Für die Törtchen das Gelatineblatt etwa 10 Minuten in kaltem Wasser einweichen. Den Backofen auf 180 °C (Umluft 160 °C) vorheizen. Die Tartelettes auf ein mit Backpapier belegtes Blech setzen. Im vorgeheizten Ofen auf der mittleren Schiene etwa 7 Minuten backen, dann herausnehmen und abkühlen lassen.

- In einer kleinen Pfanne das Olivenöl bei niedriger Temperatur erwärmen und die Erbsen darin andünsten. Zu den Erbsen 2 EL Wasser, Salz und Cayennepfeffer geben und zugedeckt etwa 5 Minuten köcheln. Die Pfanne vom Herd ziehen. Das Gelatineblatt ausdrücken, zu den Erbsen geben und in der Flüssigkeit auflösen. Die Erbsen durch ein Sieb in eine Schüssel streichen, das Püree etwas abkühlen lassen. Dann den Sahnequark gut unterrühren. Die Erbsenfüllung auf die Tartelettes verteilen und 1 Stunde kühl stellen.

- Für das Topping in einer kleinen Pfanne mit hohem Rand das Öl bei hoher Temperatur erhitzen. Die Dillstängel etwas zerzupfen und portionsweise im heißen Öl etwa 5 Sekunden frittieren. Mit einer Schaumkelle herausnehmen und auf Küchenpapier abtropfen lassen (siehe Seite 10 f.). Den Räucherlachs in 16 Stücke schneiden. Die Törtchen mit je zwei Lachsstücken und Dill dekorieren. Fleur de Sel und Pfeffer darüberstreuen, sofort servieren.

Quiches, Tartelettes & Törtchen

Kohlrabi-Tartelettes

Der Gruyère macht den Unterschied.

Zubereitung: 30 Minuten plus etwa 20 Minuten Backzeit
plus 30 Minuten Kühlzeit
Ergibt etwa 8 Stück

Zutaten

Für die Tartelettes
100 g Mehl
¾ EL Leinsamen
¾ EL Kakaopulver
½ TL Salz
frisch gemahlener schwarzer Pfeffer
2 EL Olivenöl

Für den Belag
75 g Kohlrabi, fein gewürfelt
1 kleine Schalotte, fein gehackt
40 g geriebener Gruyère
1 Ei
1 EL Mehl
½ TL Salz
frisch gemahlener schwarzer Pfeffer

Außerdem
Mehl für die Arbeitsfläche
ein Muffin-Blech mit 8 Vertiefungen (je etwa 8 cm Ø),
gefettet
Chilifäden zum Dekorieren

▮ Für die Tartelettes in einer kleinen Schüssel Mehl, Leinsamen, Kakaopulver, Salz und Pfeffer mischen. Olivenöl und 2 EL Wasser dazugeben und alles zu einem geschmeidigen Teig verarbeiten. Den Teig 30 Minuten kühl stellen. Den Teig auf einer mit Mehl bestaubten Arbeitsfläche dünn ausrollen, mit einem Ausstecher acht Kreise von etwa 8 cm Ø ausstechen. Den Teig mit einer Gabel mehrmals einstechen und in die Vertiefungen des Muffin-Blechs legen.

▮ Für den Belag in einer Schüssel Kohlrabi und Schalotte mit Käse, Ei, Mehl, Salz und Pfeffer gut mischen. Auf die Tartelettes verteilen und diese im vorgeheizten Ofen auf der untersten Schiene etwa 20 Minuten backen. Aus dem Ofen nehmen und etwas abkühlen lassen. Die Tartelettes mit Chilifäden dekorieren und lauwarm servieren.

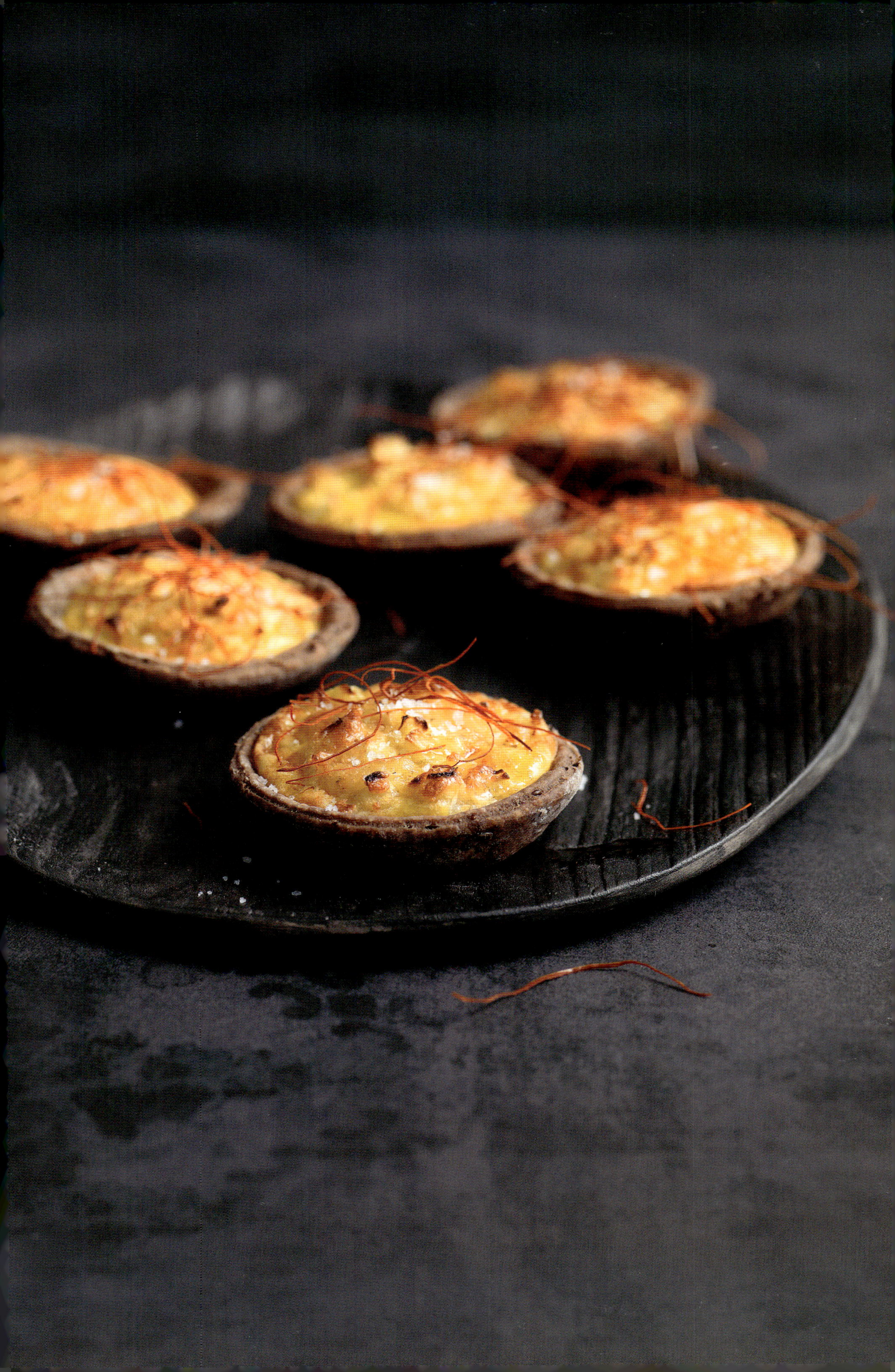

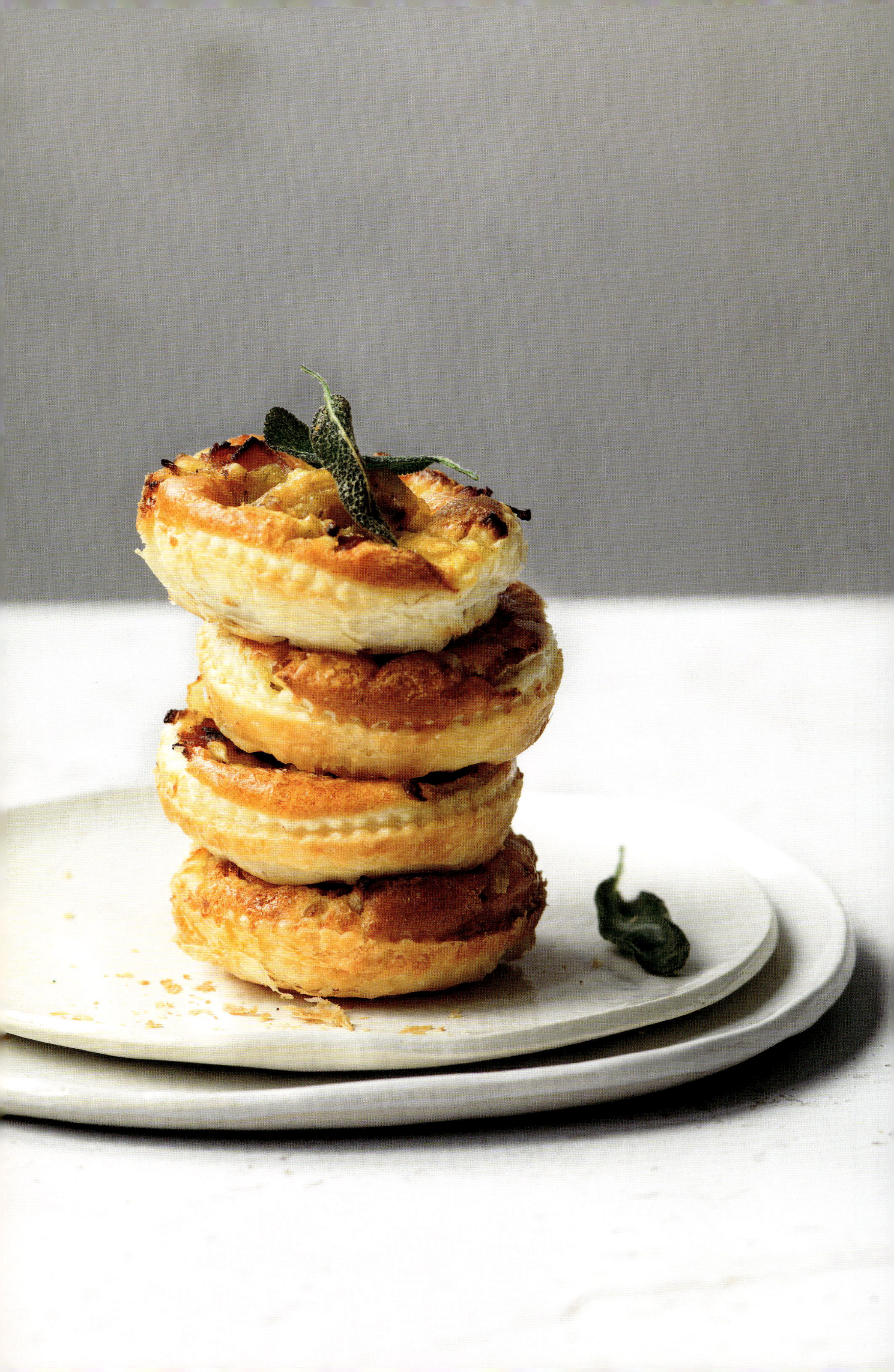

Quiches, Tartelettes & Törtchen

Zwiebel-Quiches mit Speck

Nach bester Lothringer Tradition

Zubereitung: 25 Minuten plus 10 Minuten Brat- und Frittierzeit plus 20 Minuten Backzeit
Ergibt etwa 8 Stück

Zutaten

Für die Quiches
200 g Blätterteig (Fertigprodukt)
150 g Zwiebel
25 g durchwachsener Speck
1 Ei
50 ml Sahne
½ EL Mehl
½ TL Salz
frisch gemahlener schwarzer Pfeffer
1 Msp. frisch geriebene Muskatnuss

Außerdem
Mehl für die Arbeitsfläche
ein Muffin-Blech mit 8 Vertiefungen (je etwa 8 cm Ø)
100 ml Öl zum Frittieren
16 kleine Salbeiblätter zum Dekorieren

- Für die Quiches den Blätterteig auf einer mit Mehl bestaubten Arbeitsfläche ausrollen (etwa 25 × 25 cm) und Teigkreise von etwa 8 cm Ø ausstechen. Mit einer Gabel dicht an dicht einstechen und in die Vertiefungen des Muffinblechs legen.

- Die Zwiebel vierteln und in feine Streifen schneiden. Den Speck ebenfalls in feine Streifen schneiden. In einer Pfanne den Speck bei mittlerer Temperatur anbraten. Die Zwiebel kurz mitbraten, abkühlen lassen. Den Backofen auf 200 °C (Umluft 180 °C) vorheizen. In einer Schüssel Ei, Sahne, Mehl, Salz, Pfeffer und Muskatnuss verrühren. Die Speck-Zwiebel-Mischung unterheben und die Füllung auf dem Teig verteilen. Die Quiches im vorgeheizten Ofen auf der mittleren Schiene 20 Minuten backen, herausnehmen.

- Zum Dekorieren in einer kleinen Pfanne mit hohem Rand das Öl auf hoher Temperatur erhitzen. Die Salbeiblätter darin portionensweise etwa 5 Sekunden frittieren. Mit einer Schaumkelle herausheben und auf Küchenpapier abtropfen lassen (siehe Seite 10 f.). Die Quiches noch lauwarm mit den Salbeiblättern dekoriert servieren.

Frischkäse-Creme auf Chili-Waffeln

Pikantes Erlebnis mit dezenter Orangennote

Zubereitung: 45 Minuten plus 30 Minuten Ruhezeit
Ergibt etwa 12 Stück

Zutaten

Waffeln
50 ml Crème double (45 % Fettanteil)
1 Ei
1 rote Chilischote
1 Prise Salz
50 g Mehl
35 g Zucker

Für die Frischkäse-Creme
150 g Frischkäse
1 Bio-Orange
1 EL Honig
1 Prise Salz
frisch gemahlener schwarzer Pfeffer
Rucola zum Dekorieren

- Für die Waffeln in einer Schüssel Crème double und Ei mischen. Die Chilischote halbieren, von den Samen befreien und fein hacken. Chiliwürfel und Salz zur Sahne-Ei-Mischung geben. Mehl und Zucker mischen und unter die flüssigen Zutaten ziehen, alles gut verrühren. Den Teig 30 Minuten ruhen lassen.

- Den Backofen auf 220 °C (Umluft 200 °C) vorheizen. Von der Hälfte des Teigs mit einem Löffel 6 Portionen auf ein mit Backpapier belegtes Blech geben und gleichmässig dünn (ca. 8 cm Ø) ausstreichen. Die Waffeln im vorgeheizten Ofen auf der mittleren Schiene ca. 6 Minuten backen. Herausnehmen und auf einem Gitter auskühlen lassen. Den Vorgang mit dem übrigen Teig wiederholen.

- Für die Creme den Frischkäse in eine Schüssel geben. Von der Orange etwa 1 TL Schale fein abreiben. Die Orange auspressen, Schale und 1 EL Saft zum Frischkäse geben. Honig, Salz und Pfeffer zufügen und alles gut verrühren. Die Creme in einen Spritzbeutel mit Sterntülle füllen und auf die Waffeln spritzen. Mit Rucola dekoriert servieren.

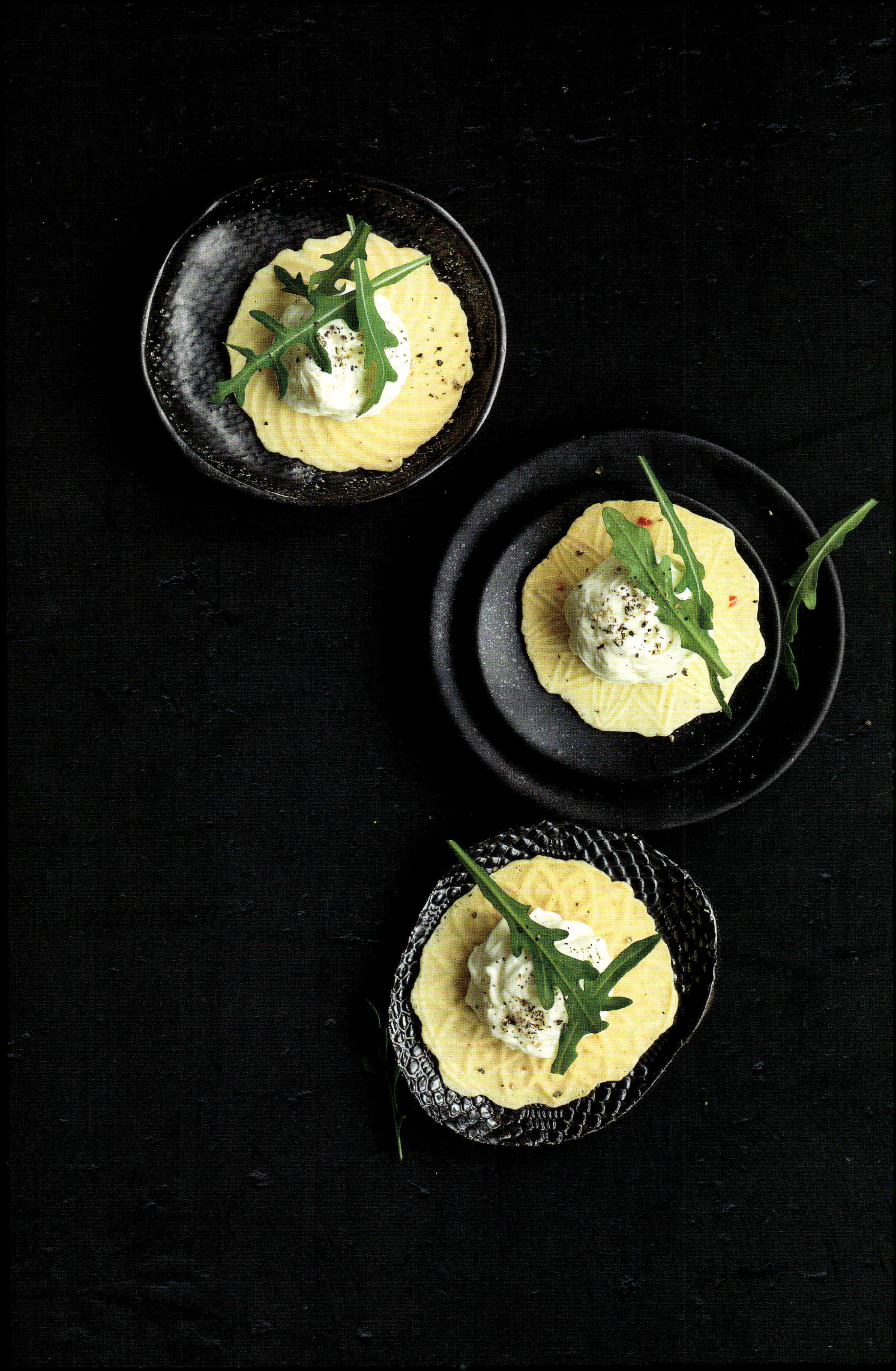

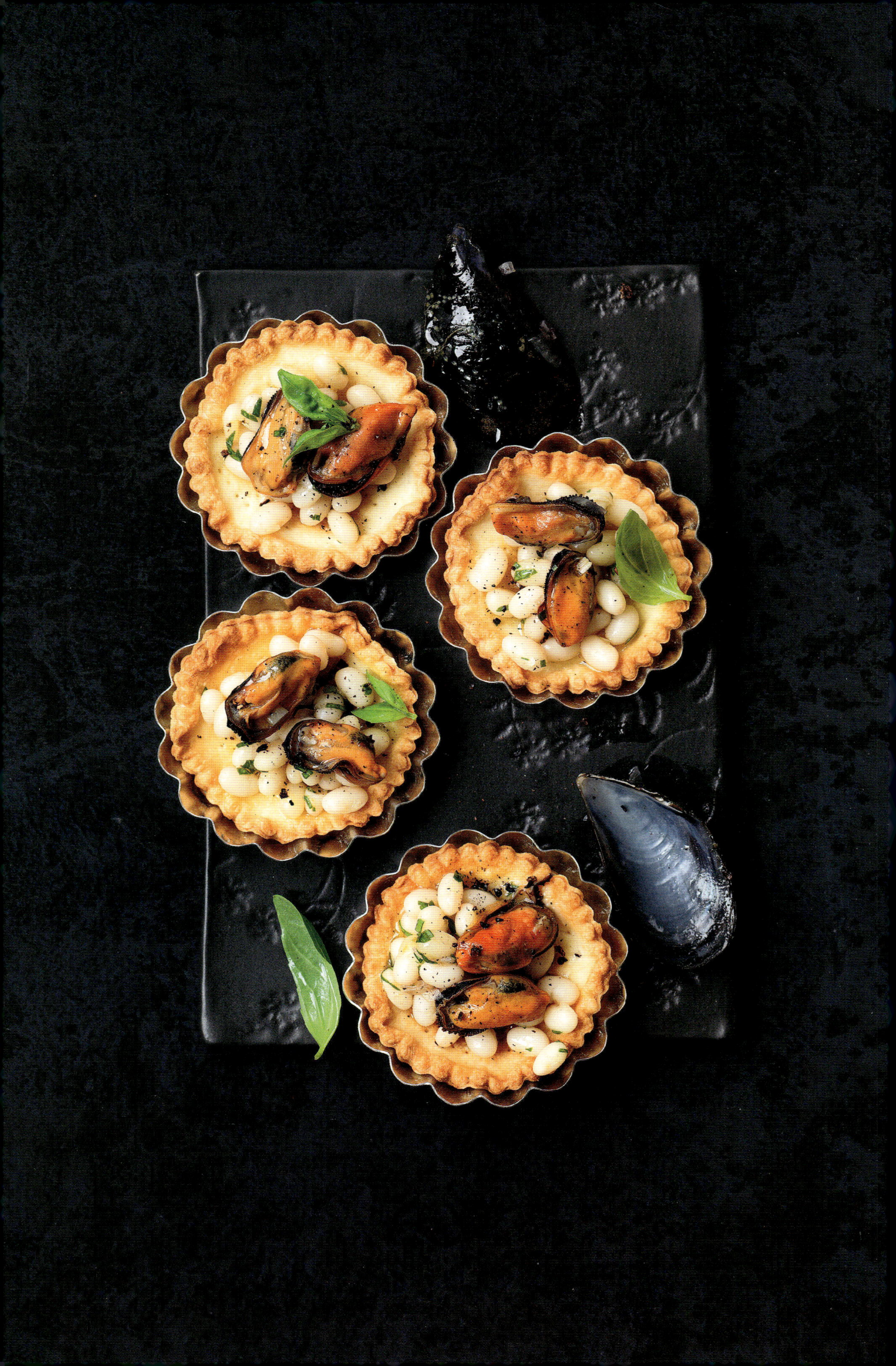

Teigtaschen & Co.

Ein Täschchen in Ehren kann niemand verwehren. Erst recht nicht, wenn sich darin allerlei köstliche Ingredienzen verbergen – wohlbekannte und überraschend neue. Die gedämpften Hefeteigtaschen brachten schon die alten Kaiser in China aus dem Häuschen. Die moderne Küche aber erfindet traditionelle Rezepte gerne neu. Und so genießt man heute Gorgonzola-Ecken mit Zwiebel-Confit und Birne, kombiniert Lauch mit Süßkartoffeln zu Pastetchen und füllt Frühlingsröllchen mit Hähnchen, Avocado und Ananas.

Dim Sum mit Pilzen

Inspiration aus Fernost – mit Dim Sum das Genießerherz berühren

Zubereitung: 35 Minuten plus 25 Minuten Koch- und Dämpfzeit plus 30 Minuten Ruhezeit
Ergibt etwa 8 Portionen

Zutaten

Für den Dim-Sum-Teig
75 g Mehl
1 Prise Salz

Für die Pilzfüllung
50 g Shiitake-Pilze
50 g Porree, in feine Ringe geschnitten
1 EL Sesamöl
50 g Bambussprossen
1 EL helle Sojasauce

Für den Dip
2 EL helle Sojasauce
1 EL Akazienhonig

- Für den Dim-Sum-Teig in einer Schüssel Mehl und Salz mischen. Mit 50 ml heißem Wasser zu einem elastischen Teig verkneten. Zugedeckt 30 Minuten ruhen lassen.

- Für die Pilzfüllung die Shiitake-Pilze fein hacken. In einer Pfanne das Sesamöl bei niedriger Temperatur erwärmen. Die Pilze und den Porree darin etwa 5 Minuten dünsten, die Pfanne vom Herd ziehen. Die Bambussprossen fein hacken und mit der Sojasauce untermischen, abkühlen lassen.

- Für den Dip Sojasauce und Honig verrühren.

- Zubereitung: siehe Seite 61 ab Punkt 4

Dim Sum mit Garnelen

Auch die Variante mit Garnelen wird den Gaumen entzücken.

1 Portion Dim-Sum-Teig (siehe Seite 60)

Für die Garnelenfüllung
100 g küchenfertige geschälte Garnelen
½ Frühlingszwiebel
1 EL helle Sojasauce
1 EL Limettensaft
1 TL Rohzucker
1 TL geriebene Ingwerwurzel

Für den Dip
50 g Gurke, fein gehackt
½ Schalotte, fein gehackt
1 Radieschen, fein gehackt
½ rote Chilischote, fein gehackt
1 EL Limettensaft
1 EL Sonnenblumenöl
2 TL Rohzucker
1 Msp. Salz

Außerdem
Mehl zum Bestauben für die Arbeitsfläche
Bambus-Dämpfkorb mit zwei Aufsätzen
Wirsingblätter zum Dämpfen (siehe Seite 9 f.)

- Den Dim-Sum-Teig vorbereiten wie auf Seite 60 beschrieben.

- Für die Füllung die Garnelen und die Frühlingszwiebel fein hacken. In einer Schüssel mit Sojasauce, Limettensaft, Rohzucker und Ingwerwurzel vermischen.

- Für den Dip Gurke, Schalotte, Radieschen und Chilischote in einer Schüssel mit Limettensaft, Sonnenblumenöl, Zucker und Salz gut vermischen.

- Den Teig in acht Stücke teilen, mit einem Nudelholz auf einer mit wenig Mehl bestaubten Arbeitsfläche zu Teigkreisen von etwa 10 cm Ø ausrollen.

- Die Füllung auf die Teigkreise verteilen. Die Pilz-Dim-Sum zu Beuteln formen und den Teig oben gut zusammendrücken. Die Garnelen-Dim-Sum zu Halbmonden formen, die Teigränder gut zusammendrücken. Beide Dämpfkörbe mit Wirsingblättern auslegen und je vier Dim Sum darauflegen. Die Dämpfkörbe aufeinanderstellen und zudecken. Wasser in eine Pfanne geben (etwa 2 cm hoch) und aufkochen, die Dämpfkörbe hineinstellen. Die Dim Sum etwa 20 Minuten dämpfen, nach der Hälfte der Garzeit die Körbe tauschen. Eventuell etwas heißes Wasser nachgießen. Dim Sum mit Dip servieren.

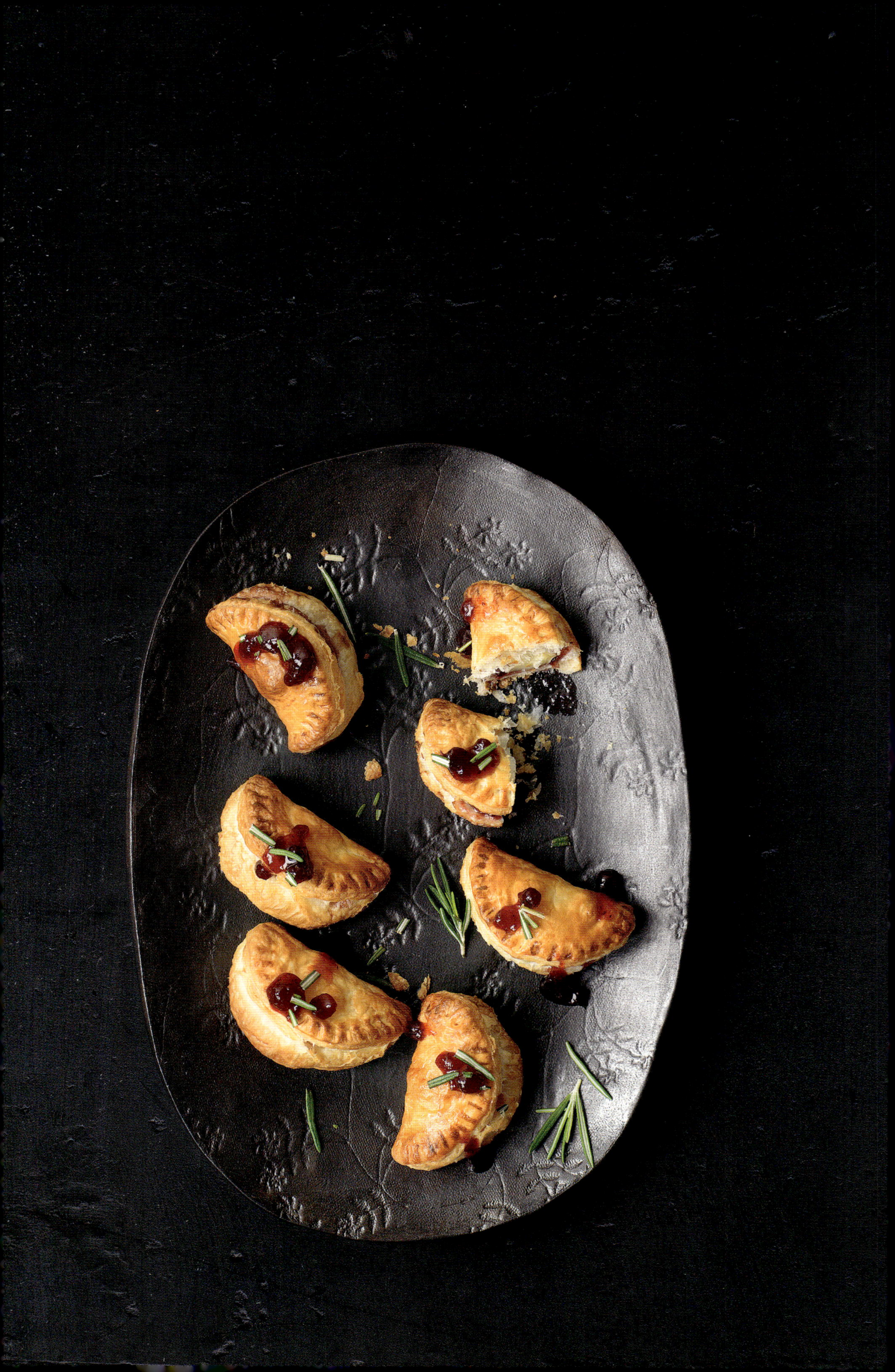

Camembert-Täschchen

Süß gepaart mit Preiselbeeren

Zubereitung: 30 Minuten plus etwa 15 Minuten Backzeit
plus 15 Minuten Kühlzeit
Ergibt etwa 8 Stück

Zutaten

Für die Camembert-Täschchen
125 g Blätterteig (Fertigprodukt)
30 g Camembert
1 EL Preiselbeerkonfitüre plus Preiselbeerkonfitüre zum Dekorieren
¼ Frühlingszwiebel
1 EL Rosmarinnadeln plus Rosmarinnadeln zum Dekorieren
Fleur de Sel
frisch gemahlener schwarzer Pfeffer
1 Ei

Außerdem
Mehl für die Arbeitsfläche

- Für die Camembert-Täschchen den Blätterteig auf einer mit Mehl bestaubten Arbeitsfläche ausrollen. 8 Teigkreise von etwa 6 cm Ø ausstechen. Den Camembert in acht Würfel schneiden und auf die Teigkreise legen. Je ½ TL Preiselbeerkonfitüre darauf verteilen. Die Frühlingszwiebel fein hacken und auf der Konfitüre verteilen. Die Rosmarinnadeln fein hacken und darüberstreuen, mit Fleur de Sel und Pfeffer würzen. Das Ei verquirlen und die Teigränder damit bestreichen, die Teigkreise zu Halbkreisen zuklappen und an den Rändern festdrücken. Mit einer Gabel die Ränder gut andrücken. Die Täschchen auf ein mit Backpapier belegtes Blech legen und 15 Minuten kühl stellen.

- Den Backofen auf 200 °C (Umluft 180 °C) vorheizen. Die Täschchen im vorgeheizten Backofen auf der unteren Schiene etwa 15 Minuten backen. Täschchen herausnehmen und etwas abkühlen lassen. Mit Preiselbeerkonfitüre und gehacktem Rosmarin dekorieren und lauwarm servieren.

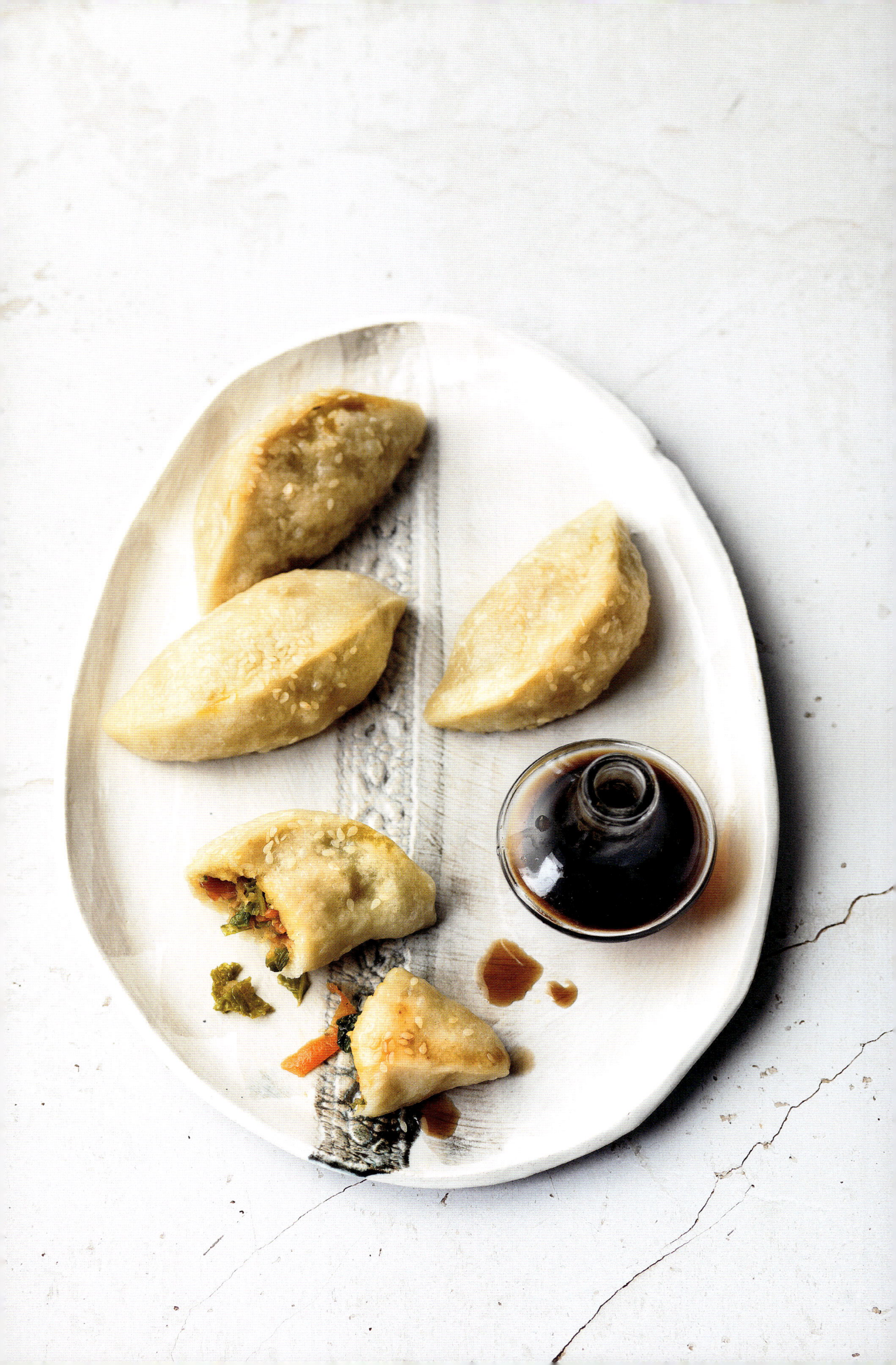

Gedämpfte Hefeteigtaschen

Die beglückten selbst chinesische Kaiser.

Zubereitung: 30 Minuten plus 30 Minuten Koch- und Dämpfzeit plus etwa 1 Stunde Gehzeit
Ergibt etwa 8 Stück

Zutaten

Für den Hefeteig
150 g Mehl
1 TL Trockenhefe
½ TL Salz
1 Prise Zucker
1 ½ EL Sonnenblumenöl

Für die Füllung
1 EL Sesamöl
½ gelbe Paprika, fein gehackt
30 g Wirsing, fein gehackt
50 g Karotte, grob gerieben
½ Frühlingszwiebel, fein gehackt
2 cm frische Ingwerwurzel
1 EL Austernsauce
1 EL helle Sojasauce plus Sojasauce zum Servieren

Außerdem
Mehl für die Arbeitsfläche
Bambus-Dämpfkorb mit zwei Aufsätzen
Wirsingblätter zum Dämpfen
Sesamsamen zum Bestreuen

- Für den Teig in einer Schüssel Mehl, Trockenhefe, Salz und Zucker mischen. Das Sonnenblumenöl und 4 EL lauwarmes Wasser zugeben. Alles gut mischen und zu einem glatten Teig verarbeiten. Den Teig zugedeckt an einem warmen Ort etwa 1 Stunde gehen lassen.

- Für die Füllung in einer Pfanne das Sesamöl bei niedriger Temperatur erwärmen. Das Gemüse darin etwa 2 Minuten andünsten. Die Ingwerwurzel schälen und fein reiben, mit der Austernsauce und der Sojasauce in die Pfanne geben und alles gut verrühren. Die Mischung etwa 5 Minuten weiterdünsten, bis die Flüssigkeit eingekocht ist.

- Den Teig in acht Stücke teilen und Kugeln daraus formen. Eine Arbeitsplatte mit wenig Mehl bestauben und die Teigstücke darauf (etwa 10 cm Ø) ausrollen. Die Füllung auf dem Teig verteilen, den Teig zu Taschen formen und die Ränder gut zusammendrücken. Mit Sesamsamen bestreuen. Beide Dämpfkörbe mit Wirsingblättern auslegen und je vier Teigtaschen darauflegen. Die Dämpfkörbe aufeinanderstellen und zudecken. In eine Pfanne Wasser füllen (etwa 2 cm hoch) und aufkochen. Die Dämpfkörbe hineinstellen. Die Teigtaschen darin etwa 20 Minuten dämpfen, nach der Hälfte der Garzeit die Körbe tauschen. Eventuell etwas heißes Wasser nachgießen. Die Teigtaschen herausnehmen, noch warm mit Sojasauce servieren.

Mexikanische Pastetchen

Chili con carne – im Teigmantel

Zubereitung: 30 Minuten plus etwa 30 Minuten Backzeit plus 15 Minuten Kühlzeit
Ergibt etwa 8 Stück

Zutaten

Für den Teig
125 g Mehl
¼ TL Salz
65 g Butter

Für die Pastetchen
1 EL Sonnenblumenöl
60 g Speck, fein gewürfelt
150 g Rindsgehacktes
¼ grüne Peperoni, fein gewürfelt
1 rote Chilischote, fein gewürfelt
50 g rote Bohnen aus der Dose
1 EL Tomatenmark
Salz
frisch gemahlener schwarzer Pfeffer
1 Ei

Außerdem
Mehl für die Arbeitsfläche
ein Cupcake-Blech mit 8 Vertiefungen von je etwa 4,5 cm Ø, gefettet

▍ Für den Teig Mehl und Salz in eine Schüssel geben. Die Butter in Würfelchen schneiden und mit den trockenen Zutaten krümelig reiben. Mit 50 ml kaltem Wasser zu einem homogenen Teig verarbeiten. Den Teig 15 Minuten zugedeckt kühl stellen.

▍ Für die Füllung in einer beschichteten Pfanne das Sonnenblumenöl bei mittlerer Temperatur erhitzen. Die Speckwürfelchen darin anbraten. Das Hackfleisch zugeben und mitbraten. Die Peperoni und die Chilischote zugeben. Die Bohnen unter fließendem Wasser gut abspülen und abtropfen lassen. In die Pfanne geben und kurz mitbraten. Das Tomatenmark untermischen, mit Salz und Pfeffer würzen und die Füllung abkühlen lassen.

▍ Den Backofen auf 180 °C (Umluft 160 °C) vorheizen. Den Teig auf einer mit Mehl bestaubten Arbeitsfläche etwa 3 mm dünn ausrollen. Mit einem Ausstecher acht Teigkreise von etwa 7 cm Ø ausstechen, in die Förmchen legen und mit einer Gabel einstechen. Die Füllung in die Vertiefungen verteilen, etwas andrücken. Das Ei verquirlen. Die Teigränder leicht nach innen klappen und mit dem Ei bestreichen. Mit einem Ausstecher weitere acht Teigkreise von etwa 5 cm Ø ausstechen, auf die Füllungen legen und gut andrücken. Die Pastetchen mit Ei bestreichen und mit einer Gabel mehrmals einstechen. Die Pastetchen im vorgeheizten Backofen auf der unteren Schiene etwa 30 Minuten backen. Aus dem Ofen nehmen, etwas abkühlen lassen und lauwarm servieren.

Süßkartoffel-Lauch-Pastetchen

Zwei unter einer Haube mit Ziegenfrischkäse

Zubereitung: 30 Minuten plus 10 Minuten Kochzeit plus etwa 30 Minuten Backzeit
Ergibt etwa 8 Stück

Zutaten

Für den Teig
Teig für mexikanische Pastetchen, siehe Seite 66

Für die Pastetchen
½ Zwiebel
1 EL Olivenöl
50 g Süßkartoffel, grob gerieben
50 g Porree, in feine Ringe geschnitten
2 cm frische Ingwerwurzel
1 TL abgeriebene Schale von 1 Bio-Orange
Salz
frisch gemahlener schwarzer Pfeffer
4 TL Ziegenfrischkäse
1 Ei
1 TL Mohnsamen

Außerdem
Mehl für die Arbeitsfläche
1 Cupcake-Blech mit 8 Vertiefungen von je etwa 4,5 cm Ø

Den Teig wie auf Seite 66 beschrieben zubereiten.

Für die Füllung die Zwiebel fein hacken. In einer Pfanne das Olivenöl bei mittlerer Temperatur erhitzen und die Zwiebel darin andünsten. Süßkartoffel und Porree zugeben, kurz mitdünsten. Die Ingwerwurzel schälen und fein reiben, mit der Orangenschale zugeben und kurz weiterdünsten. Mit Salz und Pfeffer würzen, dann die Füllung abkühlen lassen.

Den Backofen auf 180 °C (Umluft 160 °C) vorheizen. Den Teig auf einer mit Mehl bestaubten Arbeitsfläche mit einem Nudelholz etwa 3 mm dünn ausrollen. Mit einem Ausstecher acht Teigkreise von etwa 7 cm Ø ausstechen, in die Förmchen legen und mit einer Gabel einstechen. Die Füllung in die Vertiefungen verteilen, etwas andrücken. Je ½ TL Ziegenfrischkäse darauf verteilen. Das Ei verquirlen. Die Teigränder leicht nach innen klappen, mit dem Ei bestreichen. Mit einem Ausstecher acht weitere Teigkreise von etwa 5 cm Ø ausstechen, auf die Füllungen legen und gut andrücken. Die Pastetchen mit Ei bestreichen und mit Mohnsamen bestreuen. Mit einem Messer ein kleines Kreuz hineinschneiden. Die Pastetchen im vorgeheizten Backofen auf der unteren Schiene etwa 30 Minuten backen. Die Pastetchen aus dem Ofen nehmen, etwas abkühlen lassen und lauwarm servieren.

Teigtaschen & Co.

Frühlingsröllchen

Gerollte Kleinigkeit mit Hähnchen, Avocado und Ananas

Zubereitung: 25 Minuten plus 6 Minuten Bratzeit
plus 10 Minuten Marinierzeit
Ergibt etwa 8 Stück

Zutaten

100 g Hähnchenbrustfilet
1 EL Sojasauce
1 EL Rapsöl
1 TL Paprikapulver
¼ Avocado
¼ Baby-Ananas
2 Radicchio-Blätter
8 Blatt Reispapier (je etwa 16 cm Ø, aus dem Asia-Laden)
1 EL Sesamsamen, geröstet
1 EL Sesamöl
2 EL Sojasauce
½ EL Limettensaft

- Die Hähnchenbrustfilets längs in vier Streifen schneiden. In einer Schüssel Sojasauce, Rapsöl und Paprikapulver mischen, die Hähnchenstreifen darin 10 Minuten marinieren. Eine beschichtete Pfanne bei mittlerer Temperatur erhitzen und die Hähnchenstreifen darin etwa 6 Minuten braten, abkühlen lassen. Anschließend in Würfelchen schneiden.

- Die Avocado vom Kern befreien und schälen, die Baby-Ananas schälen. Avocado und Ananas in Würfelchen, den Radicchio in feine Streifen schneiden.

- Die Reispapierblätter nacheinander in kaltem Wasser einlegen, bis sie weich sind. Je ein Reisblatt auf ein feuchtes Küchentuch legen. Hähnchenbrustwürfel, Avocado, Ananas und Radicchio an einer Seite verteilen, das Reispapierblatt von dieser Seite her fest aufrollen. Die anderen Blätter und die Füllung genauso verarbeiten. Die Rollen halbieren und anrichten. Mit Sesam bestreuen. Sesamöl, Sojasauce und Limettensaft zu einem Dip verrühren und dazu servieren.

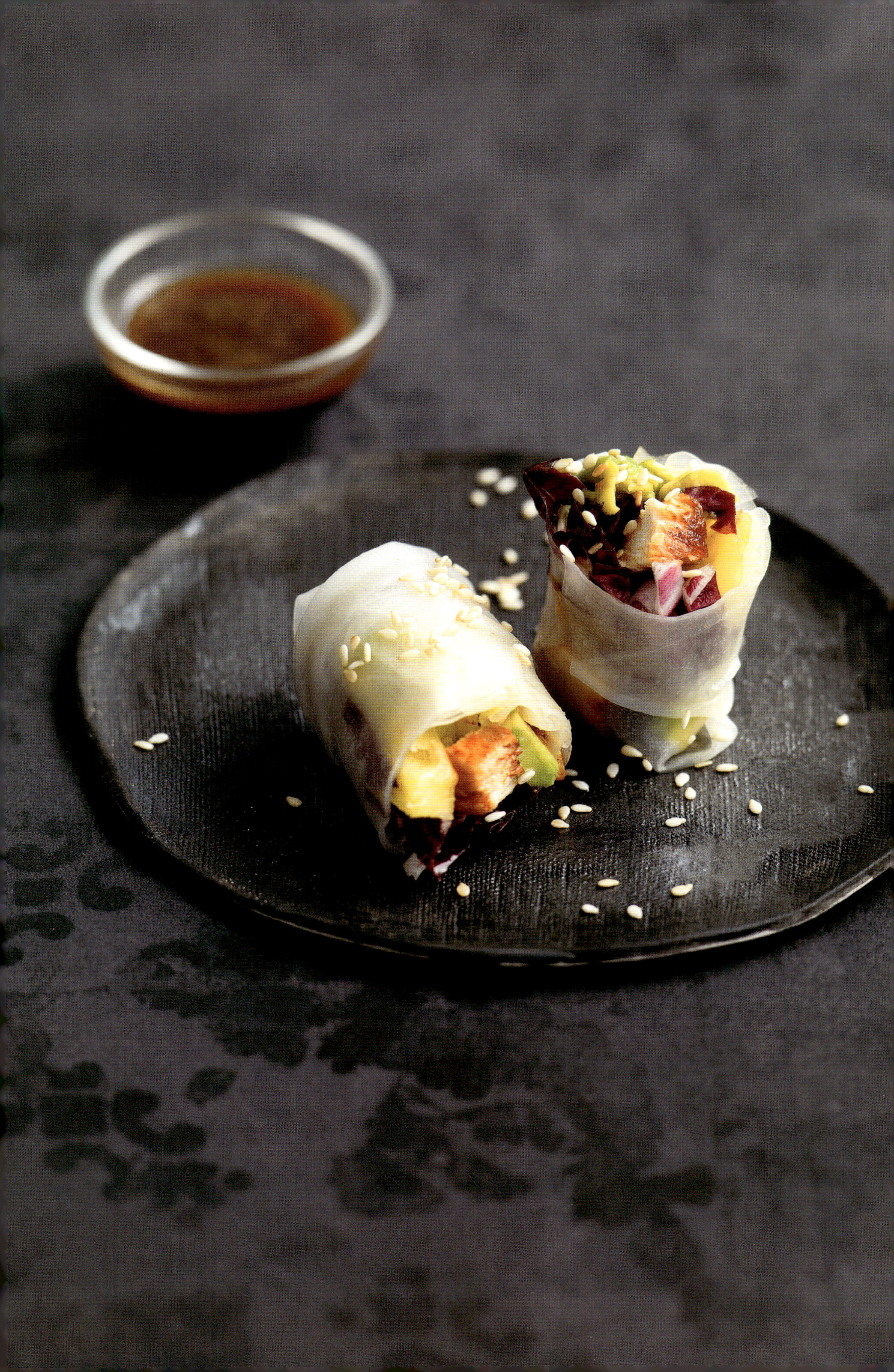

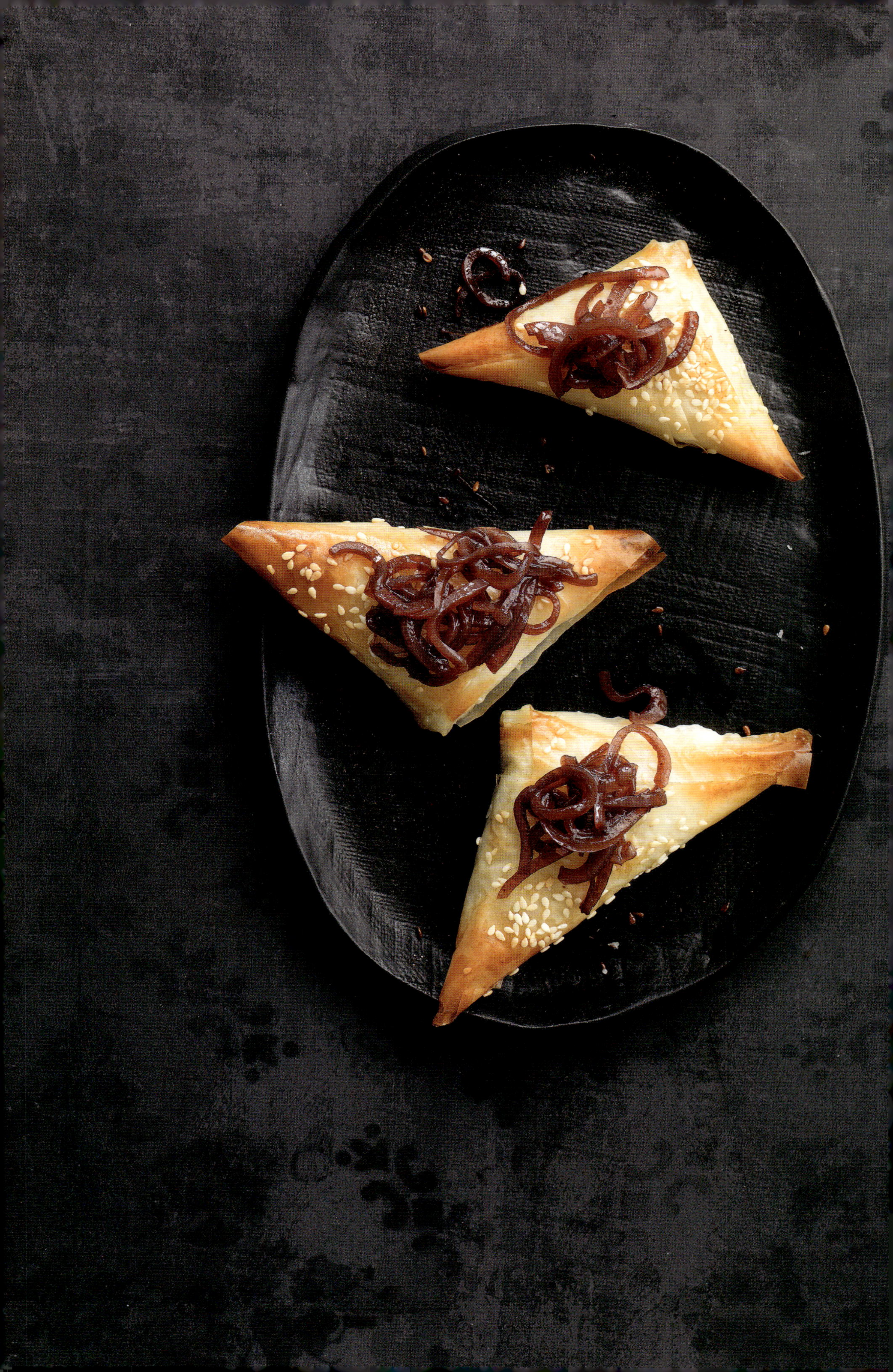

Gorgonzola-Ecken mit Zwiebel-Confit

Die Birne sorgt für fruchtige Überraschung.

Zubereitung: 25 Minuten plus 10 Minuten Kochzeit plus etwa 8 Minuten Backzeit
Ergibt etwa 8 Stück

Zutaten

Für das Zwiebel-Confit
2 rote Zwiebeln
1 EL Olivenöl
1 Lorbeerblatt
1 EL Zucker
50 ml Rotwein
1 EL Balsamico-Essig
Salz
frisch gemahlener schwarzer Pfeffer

Für die Gorgonzola-Ecken
1 kleine Birne
75 g Gorgonzola
4 Filoteig-Blätter (aus dem gut sortierten Lebensmittelhandel)
3 EL Sonnenblumenöl
1 EL Sesamsamen

- Für das Zwiebel-Confit die Zwiebeln in feine Streifen schneiden. In einer Pfanne das Olivenöl bei mittlerer Temperatur erhitzen und die Zwiebeln darin etwa 3 Minuten andünsten. Lorbeerblatt und Zucker zugeben, leicht karamellisieren lassen. Mit Rotwein ablöschen und offen weiterköcheln lassen, bis die Flüssigkeit eingekocht und die Zwiebeln weich sind. Den Balsamico-Essig unterrühren. Mit Salz und Pfeffer würzen, abkühlen lassen.

- Für die Gorgonzola-Ecken die Birne schälen, vom Kerngehäuse befreien und in Würfelchen schneiden. Den Gorgonzola in acht Stücke schneiden. Die Filoteig-Blätter mit Sonnenblumenöl bestreichen und je zwei Blätter aufeinanderlegen. Die Blätter vierteln. Je ein Achtel der Birne und je ein Stück Gorgonzola darauflegen und den Teig zu Dreiecken klappen. Dabei darauf achten, dass die äußeren Ränder gut schließen. Die Dreiecke mit Sonnenblumenöl bestreichen und mit Sesamsamen bestreuen.

- Den Backofen auf 200 °C vorheizen (Umluft 180 °C). Die Gorgonzola-Ecken auf ein mit Backpapier belegtes Blech legen und im vorgeheizten Ofen auf der mittleren Schiene etwa 8 Minuten goldbraun backen. Gorgonzola-Ecken mit Zwiebel-Confit anrichten und noch warm servieren.

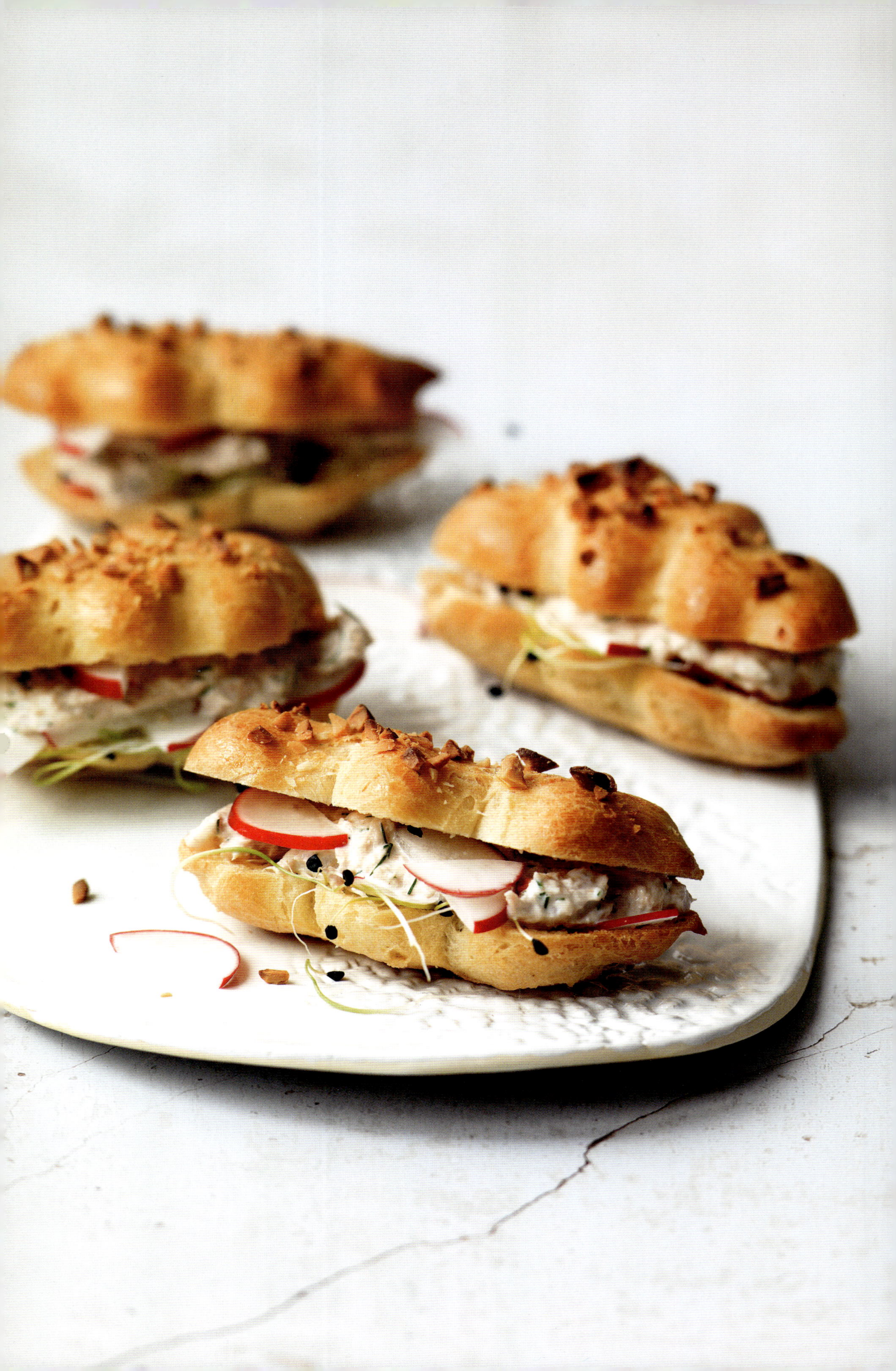

Thunfisch-Sandwiches

Das Sandwich, das auch ein Eclair ist.

Zubereitung: 30 Minuten plus etwa 30 Minuten Backzeit
Ergibt etwa 8 Stück

Zutaten

Für die Eclairs

25 g Butter
¼ TL Salz
1 Prise frisch gemahlener schwarzer Pfeffer
1 Prise Zucker
75 g Mehl
1 großes Ei
1 EL Cashewnusskerne

Für die Füllung

½ Dose Thunfisch im eigenen Saft (etwa 80 g)
½ Schalotte
2 Stängel Dill
3 EL Mayonnaise
1 EL Zitronensaft
Salz
frisch gemahlener schwarzer Pfeffer
2 Radieschen
1 Handvoll Zwiebelsprossen

Für die Eclairs in einem Topf 100 ml Wasser mit Butter, Salz, Pfeffer und Zucker aufkochen. Den Topf vom Herd ziehen. Das Mehl auf einmal zugeben und mit einem Holzlöffel gut verrühren. Den Topf zurück auf die Herdplatte ziehen und den Teig etwa 1–2 Minuten abbrennen (siehe Seite 10 f.), sodass ein kompakter Teigkloß entsteht. Den Teig etwas abkühlen lassen. Das Ei verquirlen, 1 EL davon beiseitestellen und das übrige Ei gut unter den Teig mischen. Den Teig in einen Spritzbeutel geben und wellenförmig acht etwa 7 cm lange Eclairs auf ein mit Backpapier belegtes Blech spritzen. Die Eclairs mit dem übrigen Ei bestreichen. Die Cashewnusskerne fein hacken und darüberstreuen.

Den Backofen auf 180 °C (Umluft 160 °C) vorheizen. Die Eclairs auf der unteren Schiene etwa 30 Minuten backen. Die Ofentür öffnen und die Eclairs im Ofen abkühlen lassen.

Für die Füllung den Thunfisch in ein Sieb geben und gut abtropfen lassen. Schalotte und Dill sehr fein hacken, beides mit dem Thunfisch in eine Schüssel geben. Mayonnaise und Zitronensaft daruntermischen, mit Salz und Pfeffer würzen. Die Eclairs längs einschneiden. Die Radieschen in feine Scheiben schneiden. Vom Thunfisch, Radieschen und Sprossen in die Eclairs füllen.

Teigtaschen & Co.

Lachs-Hörnchen

Zubereitung: 30 Minuten plus etwa 15 Minuten Backzeit
Ergibt etwa 8 Stück

Zutaten

Für die Füllung
100 g Räucherlachs
25 g Quark
½ Frühlingszwiebel
Salz
frisch gemahlener schwarzer Pfeffer

Für die Lauge
8 g Natronpulver

Für den Teig
Blätterteig, rund ausgerollt
(Fertigprodukt, 32 cm Ø)
Fleur de Sel zum Bestreuen

- Für die Füllung den Lachs fein hacken und in einer Schüssel mit dem Quark mischen. Die Frühlingszwiebel fein hacken und unterheben. Mit Salz und Pfeffer würzen.

- Für die Lauge in einem Topf 50 ml Wasser mit dem Natron aufkochen. Köcheln lassen, bis sich das Natron vollständig aufgelöst hat. Beiseitestellen und abkühlen lassen.

- Den Backofen auf 200 °C (Umluft 180 °C) vorheizen. Den Teig halbieren, anschließend eine Hälfte in acht Stücke schneiden. Die zweite Hälfte gut verpackt für eine andere Verwendung kühl lagern. Die Füllung an den breiteren, äußeren Teigrändern der Stücke verteilen. Die Teigstücke von der belegten Seite her fest aufrollen. Die Hörnchen mit der Naht nach unten auf ein mit Backpapier belegtes Blech setzen. Mit der Natronlauge bestreichen und mit Fleur de Sel bestreuen. Die Hörnchen im vorgeheizten Backofen auf der unteren Schiene etwa 15 Minuten backen. Aus dem Ofen nehmen und etwas abkühlen lassen.

Hähnchen-Hörnchen

Zubereitung: 30 Minuten plus etwa 15 Minuten Backzeit
Ergibt etwa 8 Stück

Zutaten

Für die Füllung
100 g Hähnchenfleisch
1 TL Currypulver
25 g Aprikosenkonfitüre
25 g Frischkäse
1 EL frische Thymianblättchen
Salz
frisch gemahlener schwarzer Pfeffer

Für den Teig
Blätterteig, rund ausgerollt
(Fertigprodukt, 32 cm Ø)
1 Ei zum Bestreichen

- Für die Füllung das Hähnchenfleisch fein hacken. In einer Schüssel mit Currypulver, Aprikosenkonfitüre und Frischkäse vermengen. Den Thymian fein hacken und untermischen. Mit Salz und Pfeffer würzen.

- Den Backofen auf 200 °C (Umluft 180 °C) vorheizen. Den Teig halbieren, anschließend eine Hälfte in acht Stücke schneiden. Die zweite Hälfte gut verpackt für eine andere Verwendung kühl lagern. Die Füllung an den breiteren, äußeren Teigrändern der Stücke verteilen. Den Teig von der belegten Seite her fest aufrollen. Die Hörnchen mit der Naht nach unten auf ein mit Backpapier belegtes Blech setzen. Das Ei verquirlen und die Hörnchen damit bestreichen. Die Hörnchen im vorgeheizten Backofen auf der unteren Schiene etwa 15 Minuten backen. Aus dem Ofen nehmen und etwas abkühlen lassen.

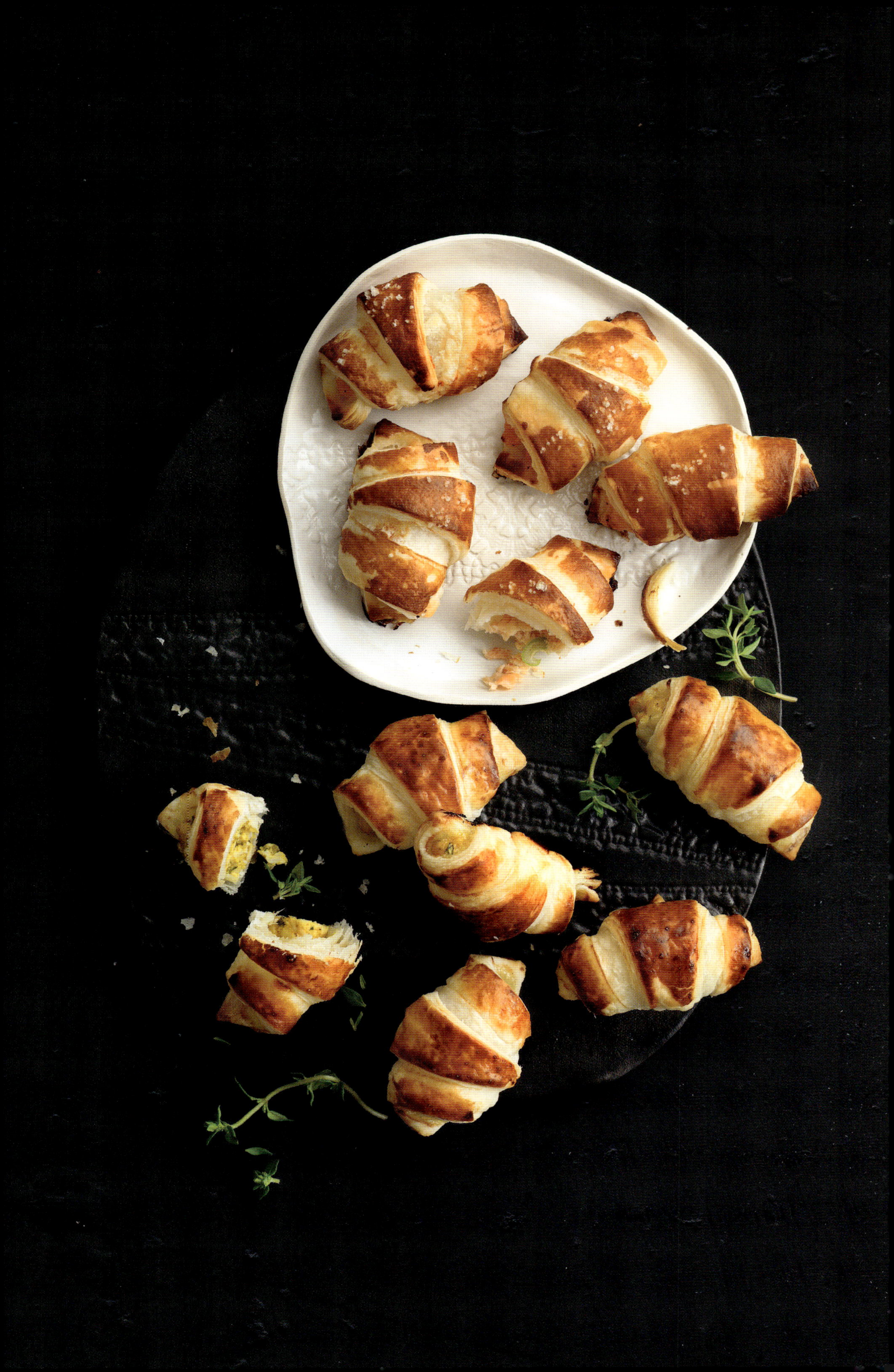

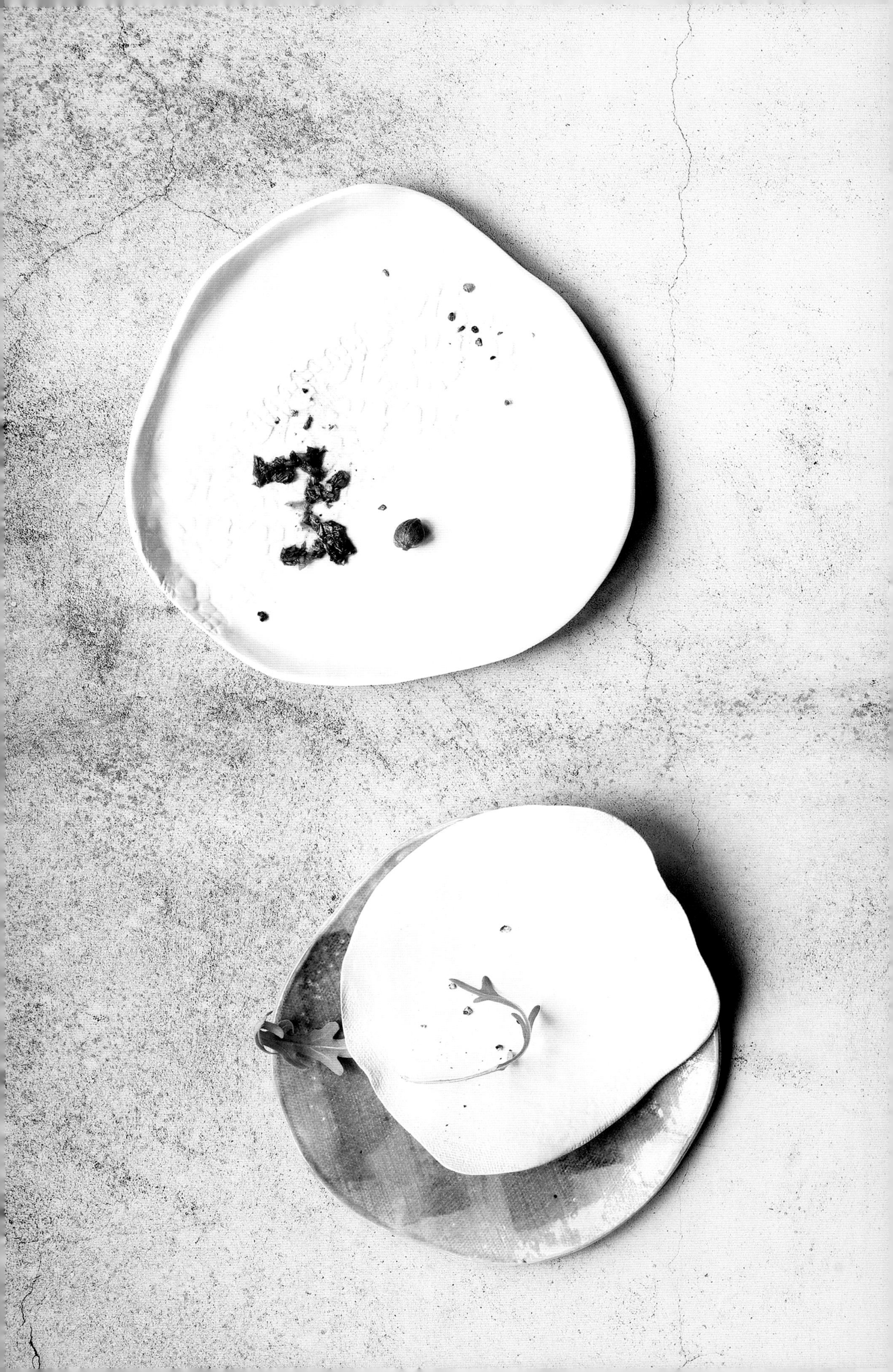

Feinstes vom Teller

So Exquisites erfordert eine stilgerechte »Unterlage«. Diese Amuse-Bouches kommen auf dem Teller so richtig zur Geltung – und erst am Gaumen! Bei Austern mit Gurken-Julienne und Prosecco-Granité, bei gebratener Jakobsmuschel auf Toast mit Yuzu-Mayonnaise und spätestens beim warmen Ziegenkäse auf Avocado. Freuen Sie sich auf unkonventionelle Genüsse.

Feinstes vom Teller

Chia-Kräcker mit dreierlei Dip

Power-Kräcker, die gedippt werden wollen.

Zubereitung: 45 Minuten plus etwa 45 Minuten Backzeit
Ergibt etwa 8 Stück

Zutaten

Für die Kräcker

- 25 g Chia-Samen
- 25 g Sesamsamen
- 50 g Dinkelmehl
- 30 g feine Haferflocken
- ¼ TL Salz
- 1 EL Rapsöl

Für den Paprika-Dip

- 75 g geröstete, in Öl eingelegte Paprikaschoten
- 75 g Kichererbsen aus der Dose
- 1 EL Zitronensaft
- 1 EL Olivenöl
- 1 TL gemahlener Kreuzkümmel
- 1 TL Paprikapulver
- Salz
- frisch gemahlener schwarzer Pfeffer
- 1 EL glatte Petersilienblätter zum Dekorieren

Für die Kräcker den Backofen auf 175 °C (Umluft 155 °C) vorheizen. In einer Schüssel alle Zutaten und 125 ml Wasser mischen. Die Masse auf ein mit Backpapier belegtes Blech gießen, gleichmäßig dünn ausstreichen. Die Mischung im vorgeheizten Ofen auf der mittleren Schiene 15 Minuten backen, dann herausnehmen. Mit einem Messer Rechtecke von etwa 2 × 4 cm schneiden. Das Blech wieder in den Backofen schieben und die Kräcker in etwa 30 Minuten fertig backen. Herausnehmen, abkühlen lassen und auseinanderbrechen.

Für den Paprika-Dip die Paprikaschoten mit den Kichererbsen und dem Zitronensaft fein pürieren. Olivenöl, Kreuzkümmel und Paprikapulver unterrühren. Mit Salz und Pfeffer würzen. Die Petersilie fein hacken und darüberstreuen.

Feinstes vom Teller

Für den Thunfisch-Dip
½ Dose Thunfisch in Öl (abgetropft etwa 90 g)
25 g Essiggurke
¼ Frühlingszwiebel
25 g Mayonnaise
25 g Quark (Halbfettstufe, 20 %)
Salz
frisch gemahlener schwarzer Pfeffer
gehackte Frühlingszwiebel zum Dekorieren

Für den Dip den Thunfisch mit einer Gabel zerzupfen und in eine Schüssel geben. Essiggurke und Frühlingszwiebel fein hacken, mit der Mayonnaise und dem Quark unter den Thunfisch heben. Mit Salz und Pfeffer würzen. Mit Frühlingszwiebeln dekorieren.

Für den Feta-Dip
100 g Feta
100 g griechischer Joghurt
1 EL Olivenöl
1 TL abgeriebene Schale von 1 Bio-Zitrone
frisch gemahlener schwarzer Pfeffer

Für den Dip den Feta mit einer Gabel fein zerdrücken, mit Joghurt, Olivenöl und Zitronenschale mischen. Mit Pfeffer würzen.

Tipp: Die Kräcker sind in einer gut verschließbaren Blechdose etwa 2 Wochen haltbar.

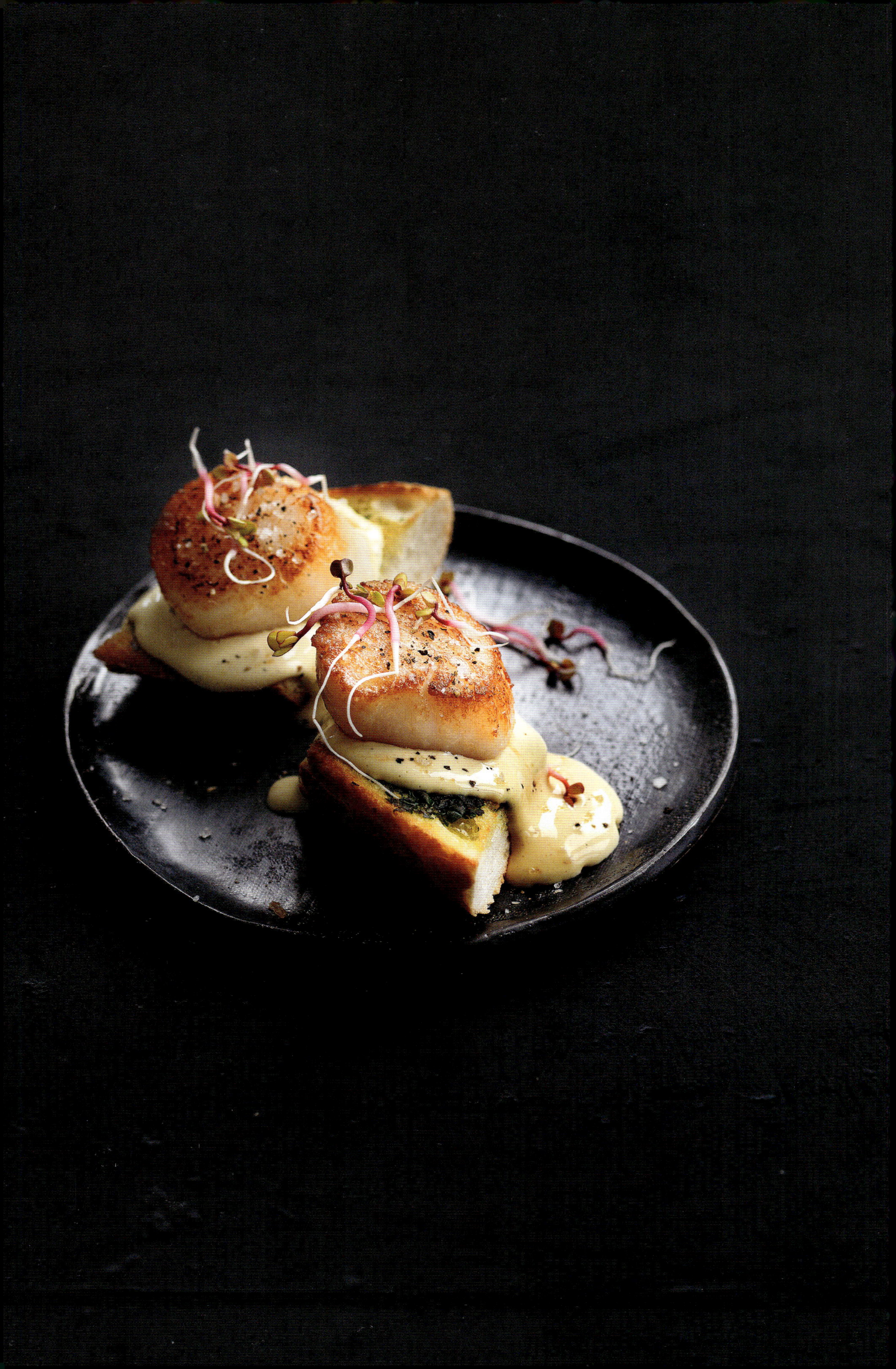

Gebratene Jakobsmuschel auf Toast mit Yuzu-Mayonnaise

Weißes Muschelfleisch, veredelt mit japanischer Zitrusnote

Zubereitung: 30 Minuten plus 10 Minuten Bratzeit
Ergibt 8 Stück

Zutaten

Für die Yuzu-Mayonnaise
1 Eigelb
1 EL Senf
1 ½ EL Yuzu-Saft (aus dem Asia-Laden)
1 TL Zucker
100 ml Rapsöl
1 Msp. Salz
frisch gemahlener schwarzer Pfeffer

Für den Toast
2 Stängel Dill
2 Stängel glatte Petersilie
2 Stängel Basilikum
2 EL Olivenöl
Salz
frisch gemahlener schwarzer Pfeffer
4 Baguettescheiben (jeweils ca. 4 cm dick)

Für die Jakobsmuscheln
8 Jakobsmuscheln
Pflanzenöl zum Braten
Salz
frisch gemahlener schwarzer Pfeffer

Außerdem
Radieschensprossen zum Dekorieren

Für die Yuzu-Mayonnaise Eigelb, Senf, Yuzu-Saft und Zucker mit dem Pürierstab zu einer Creme verarbeiten. Das Rapsöl tropfenweise zufügen und dabei weiterpürieren, bis das Öl untergearbeitet ist. 2 EL heißes Wasser löffelweise zugeben, dabei weiterpürieren. Mit Salz und Pfeffer würzen.

Für den Toast die Kräuter fein hacken und mit dem Olivenöl mischen, mit Salz und Pfeffer würzen. Die Baguettescheiben quer halbieren, mit dem Öl bepinseln und in einer Pfanne bei mittlerer Temperatur von beiden Seiten goldbraun rösten.

Für die Jakobsmuscheln in einer beschichteten Pfanne Pflanzenöl bei mittlerer Temperatur erhitzen. Die Jakobsmuscheln darin auf jeder Seite etwa 2 Minuten braten, würzen. Die Mayonnaise auf die Toasts verteilen, Jakobsmuscheln darauf anrichten und mit Radieschensprossen dekorieren.

Feinstes vom Teller

Dörrfrüchtebrot mit Parmaschinken

Reife Früchte, dazu Fleisch in köstlicher Form

Zubereitung: 30 Minuten plus etwa 12 Minuten Backzeit
Ergibt etwa 8 Portionen

Zutaten

35 g entsteinte Datteln
25 g entsteinte, getrocknete Pflaumen
1 EL Ahornsirup
30 g getrocknete Aprikosen
1 EL Kürbiskerne
40 g Dinkelflocken
½ EL Sesamsamen
1 Prise Salz
½ EL Olivenöl

Außerdem

8 Scheiben Parmaschinken, halbiert
1 Handvoll Rucola
frisch geriebener schwarzer Pfeffer

- Für das Dörrfrüchtebrot Datteln, Pflaumen und Ahornsirup pürieren. Die Aprikosen in kleine Würfelchen schneiden und die Kürbiskerne fein hacken. In einer Schüssel das Fruchtpüree mit allen übrigen Zutaten mischen.

- Den Backofen auf 160 °C (Umluft 140 °C) vorheizen. Den Teig mit kalt abgewaschenen Händen zu einer etwa 12 cm langen Rolle formen. Auf ein mit Backpapier belegtes Blech legen. Das Dörrfrüchtebrot im vorgeheizten Ofen auf der mittleren Schiene etwa 12 Minuten backen. Herausnehmen, abkühlen lassen und in 16 dünne Scheiben schneiden. Je zwei Scheiben Dörrfrüchtebrot mit einer Scheibe Parmaschinken und dem Rucola anrichten. Mit Pfeffer bestreut servieren.

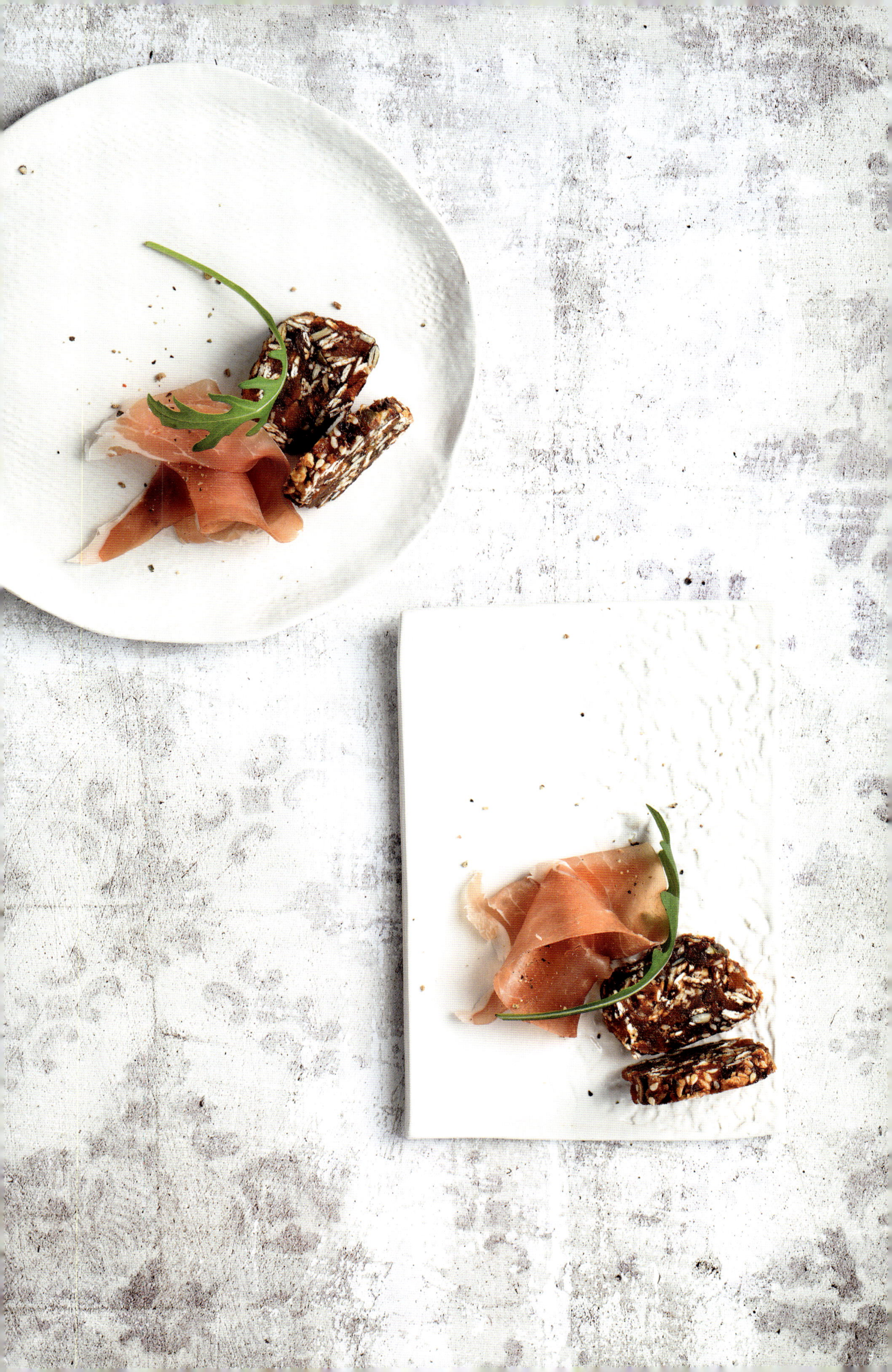

Tofu-Häppchen mit Knusperhaube

Der Sojaklassiker, gekrönt von Pistazien und Parmesan

Zubereitung: 30 Minuten plus etwa 10 Minuten Backzeit
Ergibt etwa 8 Stück

Zutaten

Für die Knusperhaube
3 Stängel glatte Petersilie
1 EL Pistazien
25 g weiche Butter
2 EL Paniermehl
2 EL geriebener Parmesan
¼ TL Salz
frisch gemahlener schwarzer Pfeffer
1 Scheibe Tofu (etwa 100 g)

Zum Dekorieren
50 ml Öl zum Frittieren
3 Stängel glatte Petersilie
8 feine Limettenspalten
Salz
frisch gemahlener schwarzer Pfeffer

▍ Für die Knusperhaube Petersilie und Pistazien fein hacken. In einer Schüssel mit Butter, Paniermehl und Parmesan mischen, mit Salz und Pfeffer würzen. Den Tofu in acht Stücke schneiden. Auf ein mit Backpapier belegtes Blech geben. Die Würzbutter auf dem Tofu verteilen, etwas andrücken. Den Backofen auf 220 °C (Umluft 200 °C) vorheizen. Den Tofu auf der mittlerer Schiene etwa 10 Minuten backen, herausnehmen.

▍ Zum Dekorieren in einer kleinen Pfanne mit hohem Rand das Öl bei hoher Temperatur erhitzen. Die Petersilie etwas zerzupfen und im heißen Öl portionsweise etwa 5 Sekunden frittieren. Mit einer Schaumkelle herausnehmen und auf Küchenpapier abtropfen lassen (siehe Seite 10 f.). Die Petersilie auf dem Knusper-Tofu verteilen, mit Limettenspalten, Salz und Pfeffer dekorieren.

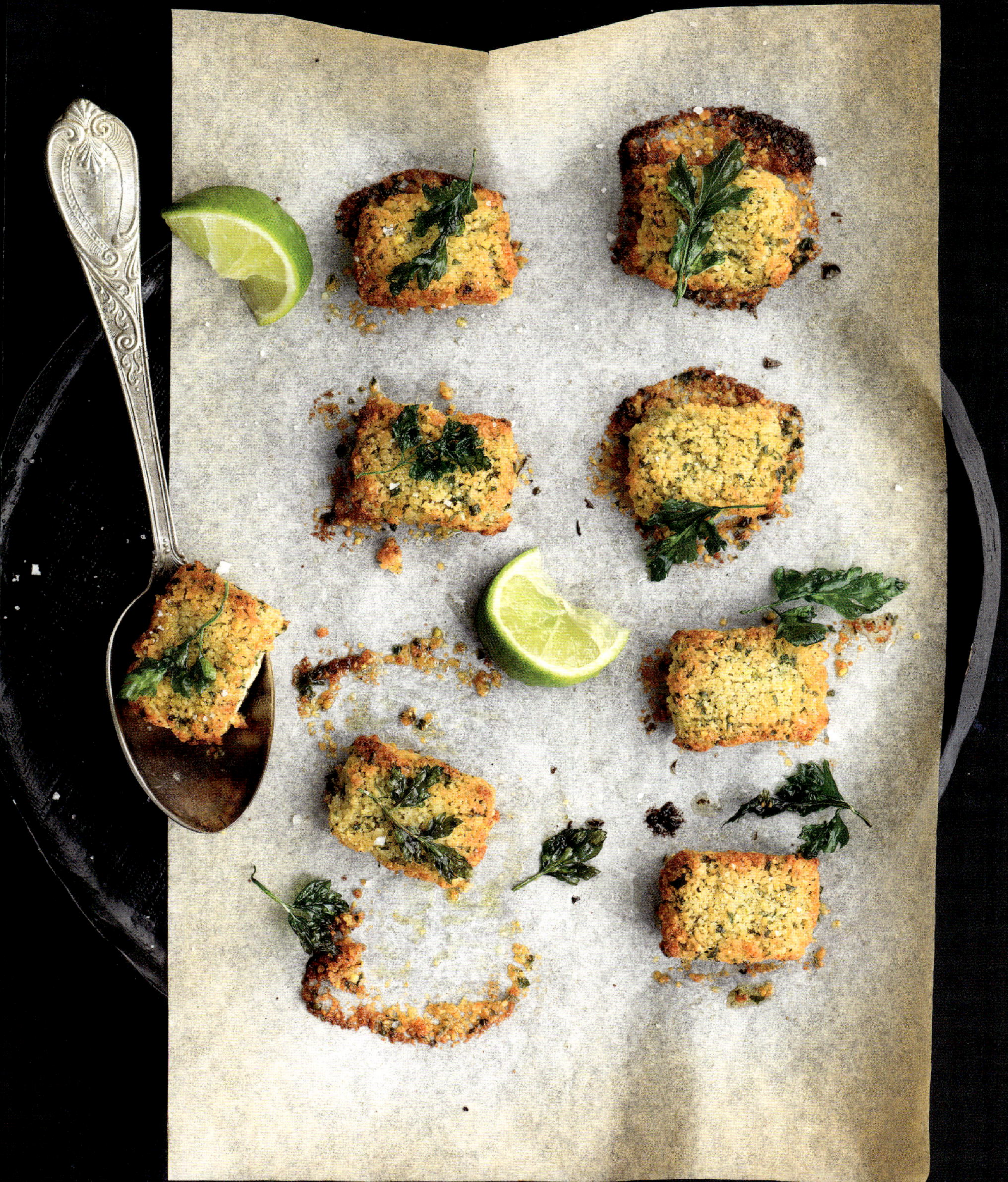

Gefüllte Eier

Ein Party-Schlager der 1970er – geadelt durch Trüffel und Kaviar

Zubereitung: Je 15 Minuten
Ergibt jeweils 8 Stück

Zutaten

Für die Curry-Eier

4 hart gekochte Eier
50 g Frischkäse
2 EL Mayonnaise
1 TL Senf
1 TL Honig
2 TL Currypulver
Salz

Zum Dekorieren

1 reife Mangospalte
Korianderblättchen

Für die Trüffel-Eier

4 hart gekochte Eier
75 g Frischkäse
1 kleiner schwarzer Trüffel
Salz
frisch gemahlener schwarzer Pfeffer

Zum Dekorieren

8 Trüffelscheibchen
1 EL Schnittlauchröllchen

Für die Curry-Eier die Eier halbieren. In einer Schüssel das Eigelb mit Frischkäse, Mayonnaise, Senf, Honig und Currypulver mit dem Mixer verrühren, bis eine feine, homogene Creme entsteht. Mit Salz würzen. Die Creme in einen Spritzbeutel mit Sterntülle geben und in die Eihälften spritzen. Die Mango in Würfelchen schneiden, auf der Füllung verteilen, mit Korianderblättchen dekorieren.

Für die Trüffel-Eier die Eier halbieren. In einer Schüssel das Eigelb mit dem Frischkäse mit dem Mixer verrühren, bis eine feine, homogene Creme entsteht. Den Trüffel fein hacken und unterheben. Mit Salz und Pfeffer würzen. Die Creme in einen Spritzbeutel mit Sterntülle geben und in die Eihälften spritzen. Die Eier mit Trüffelscheibchen und Schnittlauch dekorieren.

Für die Kräuter-Eier

4 hart gekochte Eier
75 g Frischkäse
5 Stängel Schnittlauch
2 Stängel Dill
1 Stängel glatte Petersilie
Salz
frisch gemahlener schwarzer Pfeffer

Zum Dekorieren
Dillspitzen

Für die Kaviar-Eier

4 hart gekochte Eier
75 g Frischkäse
1 Bio-Zitrone
Salz
frisch gemahlener schwarzer Pfeffer

Zum Dekorieren
1 EL Wildlachsrogen
Kresse

Für die Kräuter-Eier die Eier halbieren. In einer Schüssel das Eigelb und den Frischkäse mit einem Mixer zu einer feinen, homogenen Creme verrühren. Schnittlauch, Dill und Petersilie fein hacken und unterheben. Mit Salz und Pfeffer würzen. Die Creme in einen Spritzbeutel mit Sterntülle geben und in die Eihälften spritzen. Mit Dillspitzen dekorieren.

Für die Kaviar-Eier die Eier halbieren. Das Eigelb und den Frischkäse in eine Schüssel geben. Die Zitronenschale fein abreiben und ½ EL Saft auspressen, beides in die Schüssel geben. Mit dem Mixer zu einer feinen, homogenen Creme verrühren. Mit Salz und Pfeffer würzen. Die Creme in einen Spritzbeutel mit Sterntülle geben und in die Eihälften spritzen. Mit Wildlachsrogen und Kresse dekorieren.

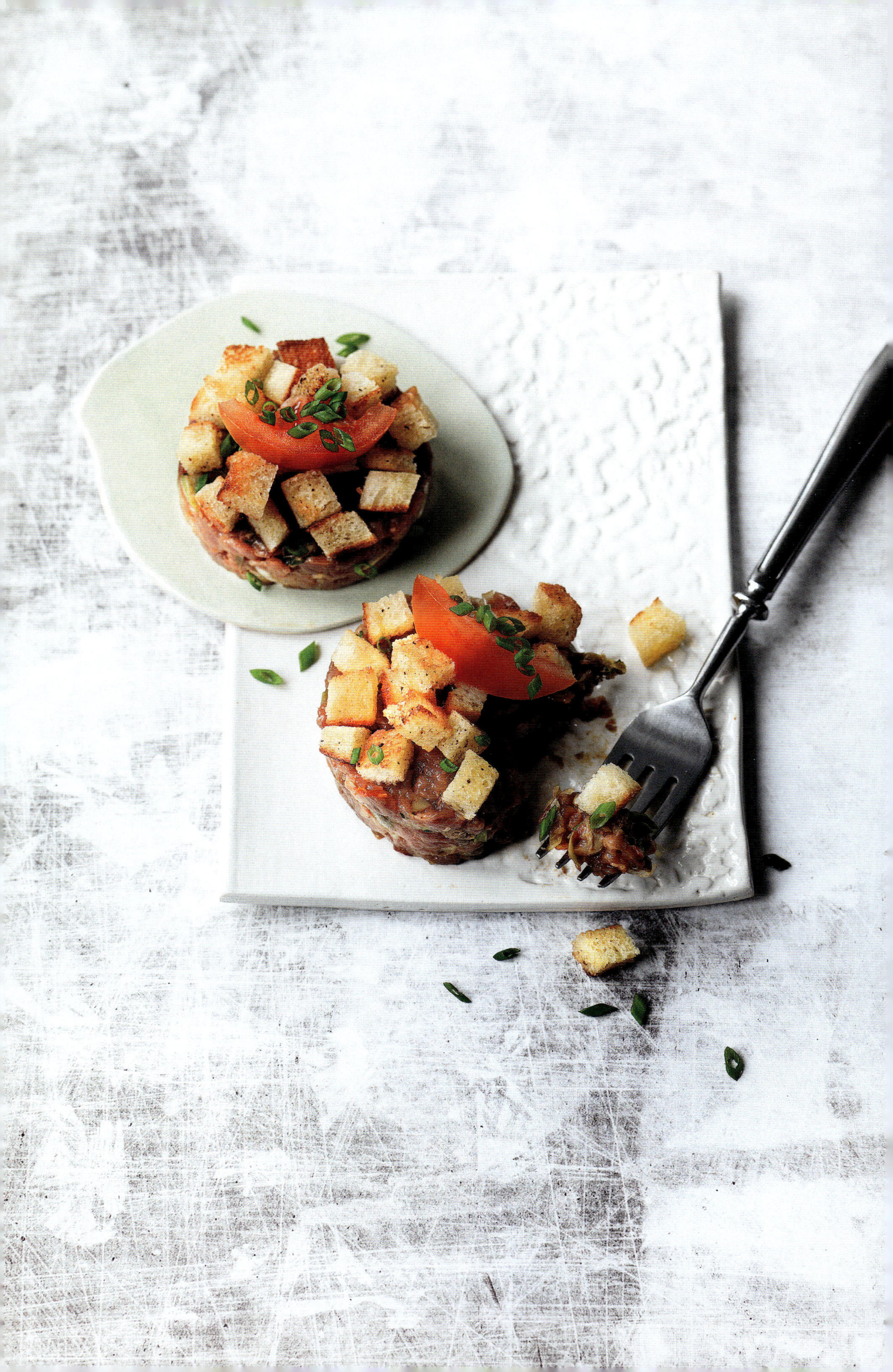

Rassiges Rindertatar

Die Küche des Nahen Ostens liebt es etwas schärfer.

Zubereitung: 30 Minuten
Ergibt etwa 8 Portionen

Zutaten

Für das Tatar
200 g Rinderhüftsteak
5 Stängel Schnittlauch
2 getrocknete Tomaten
4 Sardellen
1 EL Kapern
1 frisches Eigelb
1 TL Senf
1 TL Harissa (orientalische Würzpaste)
Salz
frisch gemahlener schwarzer Pfeffer

Für den Toast
1 Scheibe Toastbrot
1 EL Butter
Salz
frisch gemahlener schwarzer Pfeffer

Zum Dekorieren
2 Kirschtomaten
Schnittlauchröllchen

- Für das Tatar das Rinderhüftsteak sehr fein schneiden. Den Schnittlauch in Röllchen schneiden. Tomaten, Sardellen und Kapern fein hacken. Mit Eigelb, Senf und Harissa zum Fleisch geben, gut mischen. Mit Salz und Pfeffer würzen. Das Tatar mit einem Servierring von etwa 4 cm Ø auf Tellerchen anrichten.

- Für den Toast die Rinde der Toastbrotscheibe entfernen. Den Toast in kleine Würfelchen schneiden. In einer beschichteten Pfanne die Butter bei mittlerer Temperatur zerlassen und die Würfelchen darin langsam goldbraun rösten. Mit Salz und Pfeffer würzen. Die Toastwürfelchen auf dem Tatar verteilen. Die Kirschtomaten vierteln und auf den Toastwürfelchen anrichten. Mit Schnittlauch dekorieren.

Austern mit Gurken-Julienne und Prosecco-Granité

Edles Kühl lässt die Königin der Schalentiere dahinschmelzen.

Zubereitung: 30 Minuten plus 10 Minuten Kochzeit
plus 4 Stunden Gefrierzeit
Ergibt 8 Portionen

Zutaten

Für das Granité
25 g Zucker
1 Prise Salz
1 cm frische Ingwerwurzel
1 Bio-Zitrone
50 ml Prosecco

Für die Austern
50 g Gurke
8 Austern

Zum Dekorieren
8 feine Zitronenspalten

Für das Granité in einem Topf 50 ml Wasser mit Zucker und Salz mischen. Die Ingwerwurzel fein hacken, von der Zitrone etwas Schale abreiben und ½ EL Saft auspressen. Ingwerwurzel, Zitronenschale und -saft in den Topf geben. Alles aufkochen, dann bei reduzierter Temperatur köcheln lassen, bis sich der Zucker aufgelöst hat. Die Flüssigkeit durch ein Sieb in eine Chromschüssel gießen und den Prosecco untermischen. Die Flüssigkeit 4 Stunden gefrieren. Das Eis jede Stunde mit einer Gabel auflockern.

Für die Austern die Gurke in lange Julienne schneiden. Die Austern mit einem Austernmesser vorsichtig öffnen und auf Teller setzen. Einige Julienne auf die Austern verteilen. Das Granité nochmals auflockern und auf die Austern verteilen. Mit Zitronenspalten dekorieren und sofort servieren.

Austern mit Käse-Mandel-Streuseln

Rauchig und knusprig und für eine Überraschung bereit!

Zubereitung: 30 Minuten plus etwa 5 Minuten Backzeit
Ergibt 8 Portionen

Zutaten

Für die Streusel
2 EL Panko-Paniermehl
2 EL geriebener Sbrinz (alternativ ein anderer würziger Hartkäse)
3 EL geröstete Rauch-Mandeln
1 Knoblauchzehe
1 Bio-Limette
frisch gemahlener schwarzer Pfeffer

Für die Austern
8 Austern
einige Tropfen Olivenöl

Zum Dekorieren
8 feine Limettenspalten

Für die Streusel das Paniermehl und den Sbrinz in eine Schüssel geben. Die Mandeln fein hacken und den Knoblauch auspressen. Von der Limette etwas Schale abreiben und 1 EL Saft auspressen. Alles in die Schüssel geben und miteinander zu Streuseln verarbeiten. Mit Pfeffer würzen.

Den Backofen auf 240 °C (Umluft 220 °C) vorheizen. Die Austern mit einem Austernmesser vorsichtig öffnen und auf ein mit Backpapier belegtes Blech setzen. Die Streusel darauf verteilen. Die Austern im vorgeheizten Ofen auf der mittleren Schiene etwa 5 Minuten backen. Herausnehmen und auf Tellern anrichten. Mit Limettenspalten dekorieren und sofort servieren.

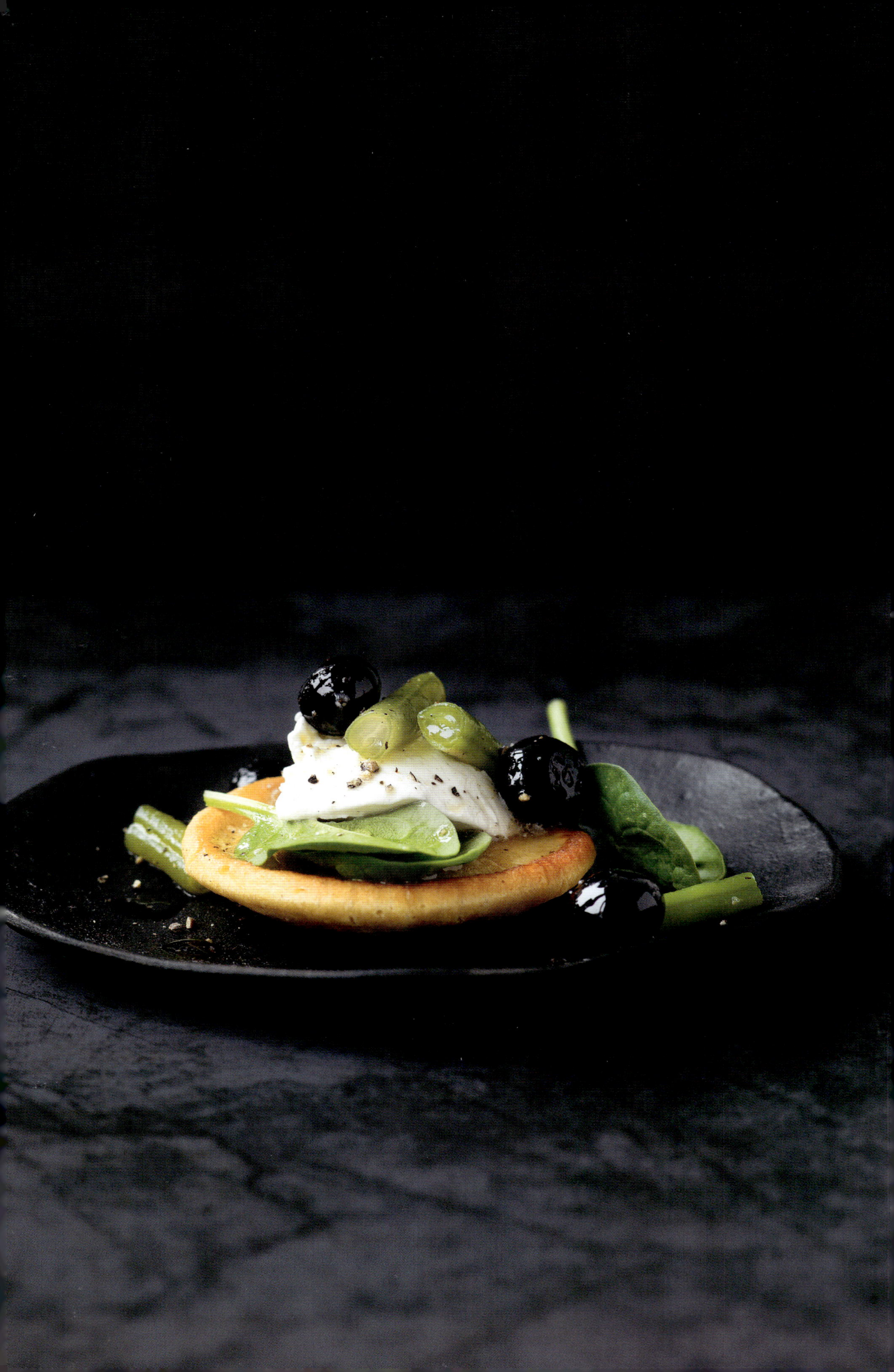

Kichererbsen-Blinis mit Heidelbeer-Bohnen-Salat

Ein unkonventioneller Gaumenschmaus

Zubereitung: 30 Minuten plus 15 Minuten Ruhezeit
Ergibt etwa 8 Stück

Zutaten

Für den Salat
1 EL Olivenöl
1 EL weißer Balsamico-Essig
1 Prise Zucker
Salz
frisch gemahlener schwarzer Pfeffer
50 g grüne Bohnen, geputzt
Salz
50 g Heidelbeeren

Für die Blinis
100 g Kichererbsenmehl
1 Ei
3 EL Olivenöl plus Olivenöl zum Braten
½ TL Salz
frisch gemahlener schwarzer Pfeffer

Außerdem
50 g cremiger Frischkäse
etwa 40 g Baby-Spinat

Für den Salat in einer Schüssel Olivenöl, Balsamico-Essig und Zucker verrühren, die Vinaigrette mit Salz und Pfeffer würzen. Die Bohnen in etwa 2 cm lange Segmente schneiden. In einem Topf 500 ml Salzwasser zum Kochen bringen und die Bohnen darin weich kochen. Abgießen, abschrecken und in die Vinaigrette geben. Die Heidelbeeren unterheben.

Für die Blinis in einer Schüssel Kichererbsenmehl, Ei, 50 ml Wasser und Olivenöl verquirlen. Mit Salz und Pfeffer würzen. Den Teig zugedeckt 15 Minuten bei Raumtemperatur ruhen lassen. In einer beschichteten Pfanne Olivenöl bei mittlerer Temperatur erhitzen. Mit einer Kelle portionsweise Teig in das Öl geben und so acht Blinis auf beiden Seiten goldbraun ausbacken. Auf Tellerchen legen, den Frischkäse darauf verteilen. Spinat und Salat darauf anrichten.

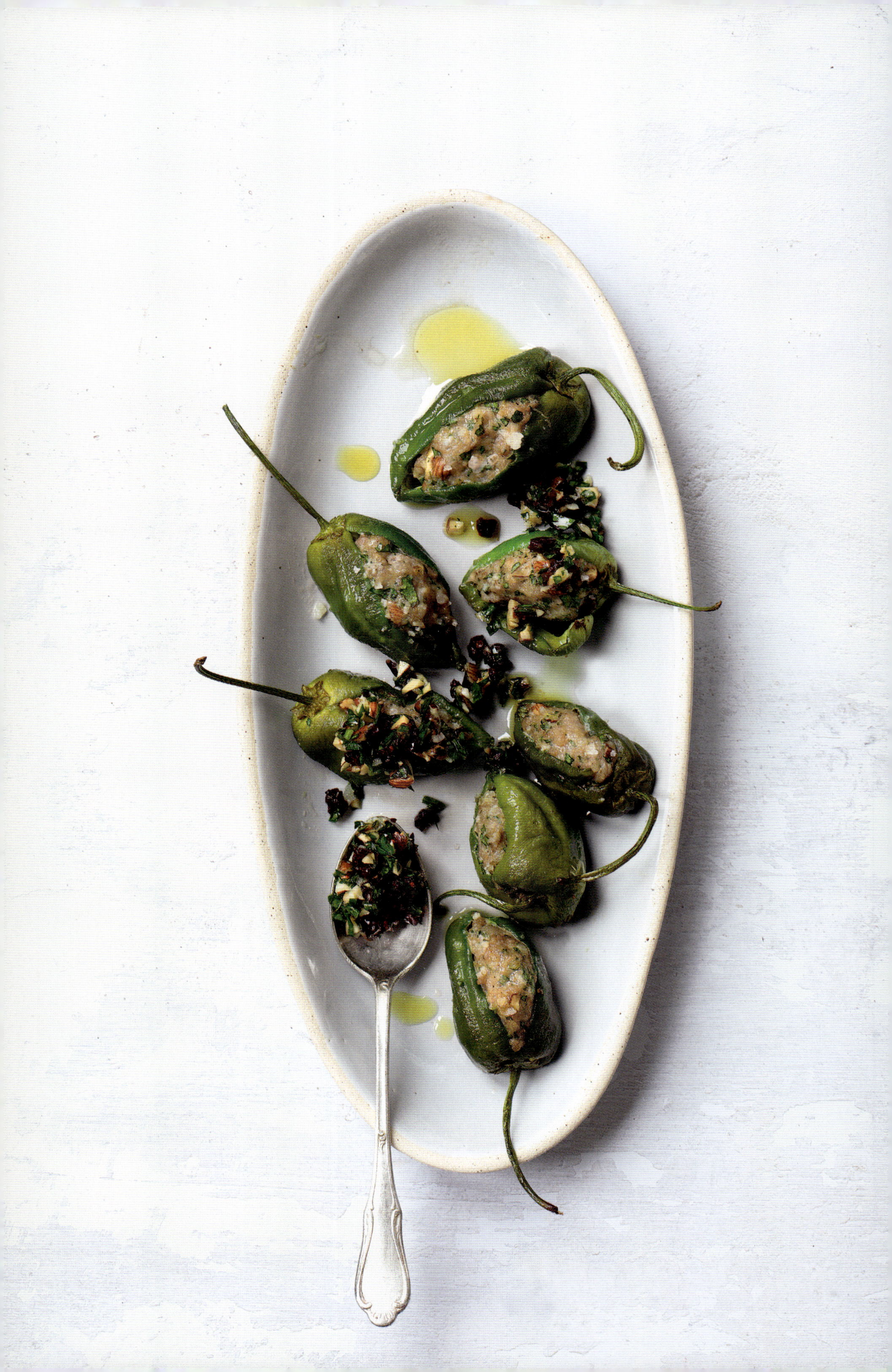

Gefüllte Pimientos mit Cranberry-Streusel

Pikante Paarung mit Wurst, aromatisch garniert

Zubereitung: 20 Minuten plus etwa 10 Minuten Backzeit
Ergibt 8 Stück

Zutaten

Für die Pimientos
8 Pimientos de Padrón (spanische Paprikaschoten, aus dem gut sortierten Lebensmittelhandel)
100 g rohe Schweinsbratwurst
1 EL Haselnusskerne
2 Stängel glatte Petersilie
2 EL Olivenöl
Salz

Für die Cranberry-Streusel
1 EL getrocknete Cranberrys
1 EL Haselnusskerne
1 Stängel glatte Petersilie
1 EL Olivenöl
Salz

- Für die Pimientos den Backofen auf 200 °C (Umluft 180 °C) vorheizen. Die Pimientos längs aufschneiden, aber nicht durchschneiden. Die Bratwurst aus der Pelle in eine Schüssel drücken. Haselnusskerne und Petersilie fein hacken, daruntermischen. Die Masse in die Schoten füllen. Die Pimientos auf ein mit Backpapier belegtes Blech geben. Mit Olivenöl beträufeln und salzen. Im vorgeheizten Backofen auf der mittleren Schiene etwa 10 Minuten backen, herausnehmen und auf Tellerchen verteilen.

- Für die Streusel Cranberrys, Haselnusskerne und Petersilie fein hacken. In einer Schüssel mit dem Olivenöl mischen und salzen. Pimientos mit den Streuseln garnieren.

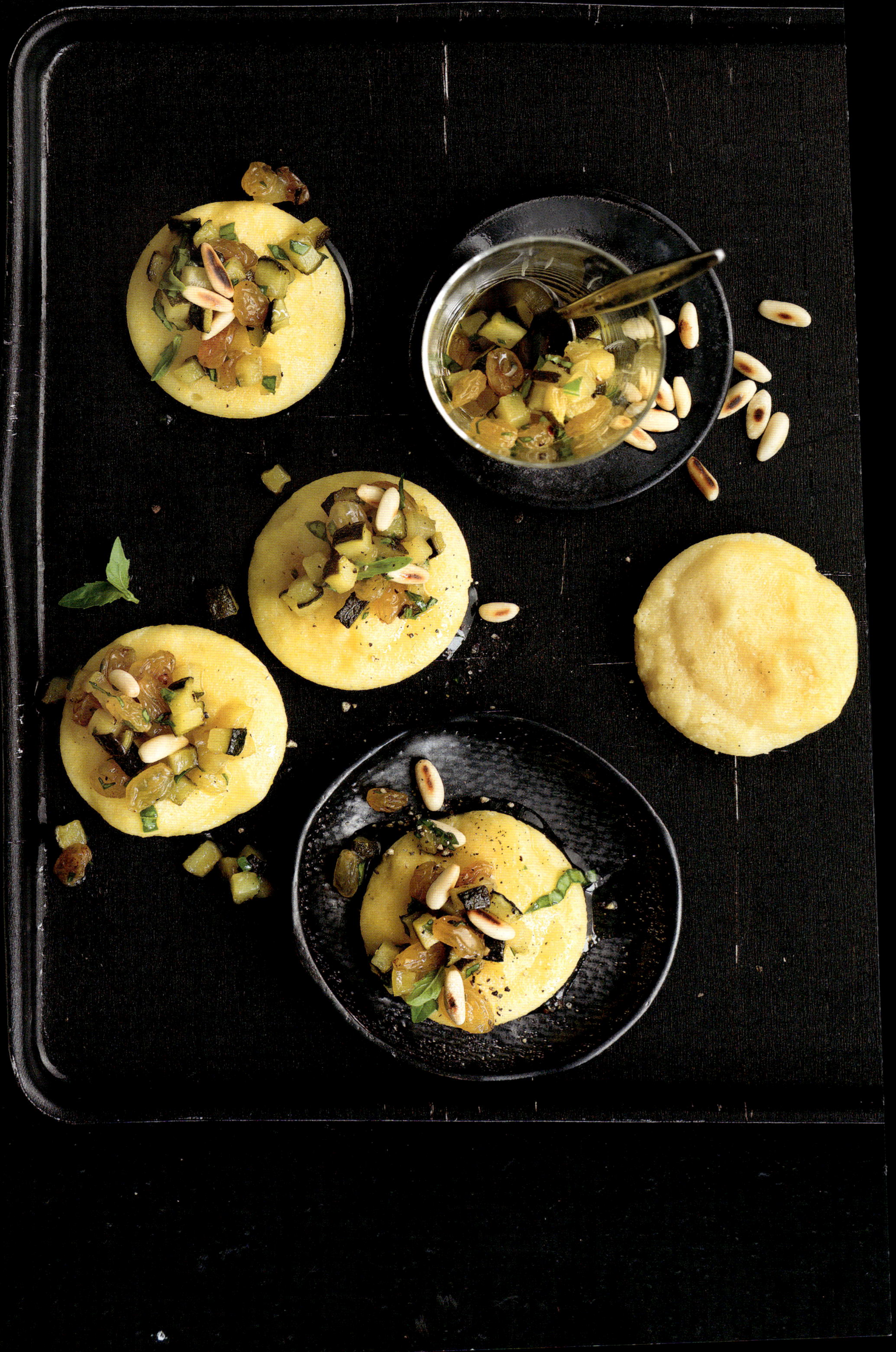

Feinstes vom Teller

Caponata auf Polenta-Talern

Zucchini, Pinienkerne und Sultaninen – wer hätte das gedacht?

Zubereitung: 20 Minuten plus 10 Minuten Koch- und Bratzeit plus 30 Minuten Kühlzeit
Ergibt etwa 8 Stück

Zutaten

Für die Polenta-Taler
1 Msp. Salz
40 g feine Polenta
10 g Butter
1 EL Olivenöl

Für die Caponata
1 EL Pinienkerne
1 EL Olivenöl
125 g kleine Zucchini, fein gewürfelt
2 EL helle Sultaninen
1 EL milder Weißweinessig
1 EL Zucker
4 Basilikumblätter plus Basilikumblätter zum Dekorieren
Salz
frisch gemahlener schwarzer Pfeffer

Außerdem
Muffin-Blech mit 8 Vertiefungen von etwa 8 cm Ø

- Für die Polenta-Taler in einem Topf 175 ml Wasser mit dem Salz aufkochen. Die Polenta einrieseln lassen und etwa 2 Minuten köcheln lassen. Die Butter unterrühren. Die Vertiefungen des Muffin-Blechs mit Olivenöl bestreichen und Polenta hineingeben. Etwas flach drücken und 30 Minuten kühl stellen.

- Für die Caponata die Pinienkerne in einer beschichteten Pfanne ohne Fett goldbraun rösten. Herausnehmen, beiseitestellen und abkühlen lassen. In derselben Pfanne das Olivenöl bei mittlerer Temperatur erhitzen und die Zucchiniwürfelchen darin langsam goldbraun braten, dann in eine Schüssel geben. Mit Sultaninen, Weißweinessig und Zucker zu einer Caponata mischen. Die Basilikumblätter fein schneiden und zugeben, mit Salz und Pfeffer würzen und kurz ziehen lassen. Die Polenta-Taler aus der Form lösen und auf Tellerchen setzen. Die Caponata darauf verteilen, Pinienkerne darüberstreuen und mit gehackten Basilikumblättern dekorieren.

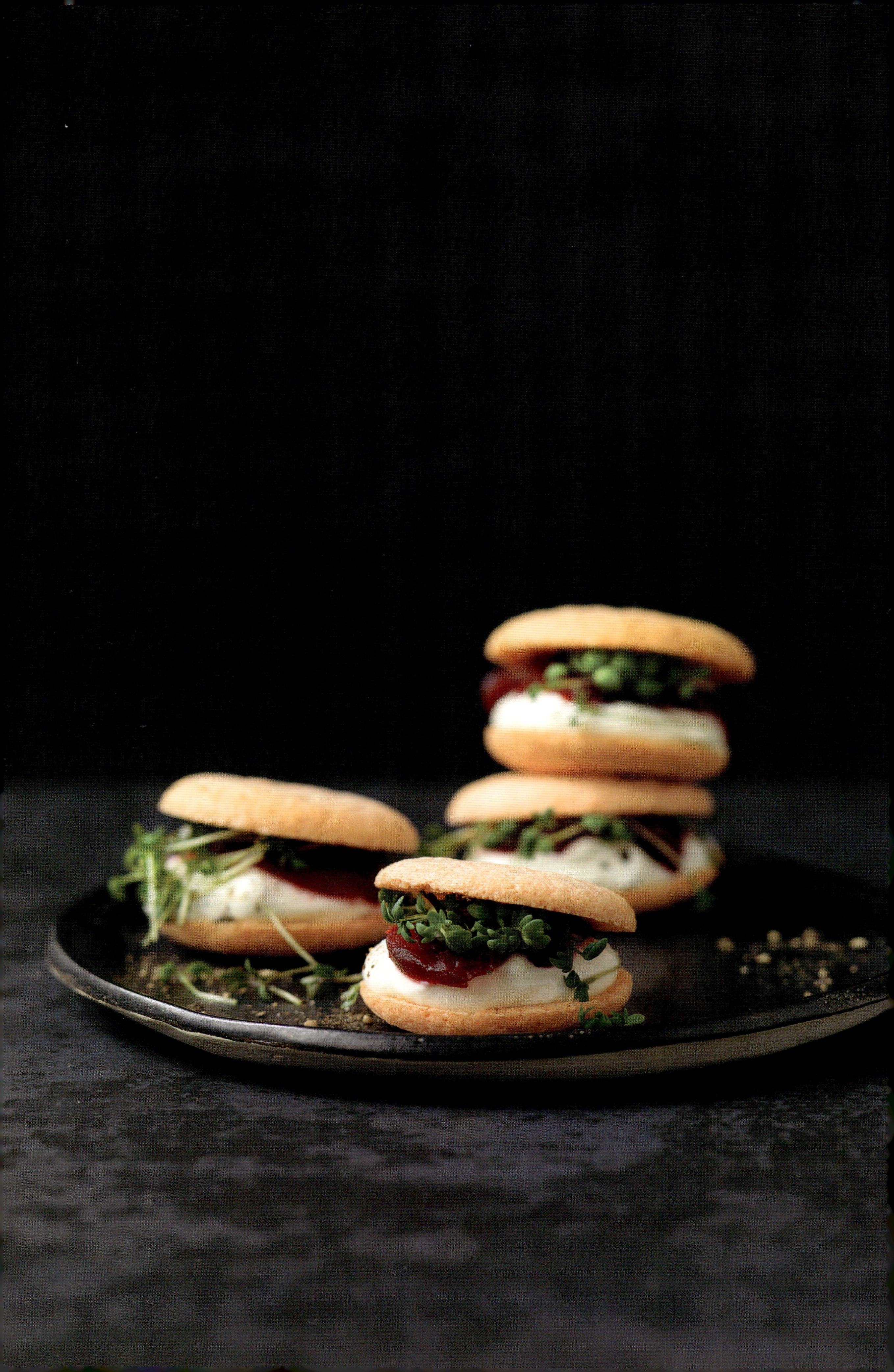

Rote-Bete-Macarons

Pikantes Konfekt der Edelklasse

Zubereitung: 20 Minuten plus etwa 25 Minuten Trocken- und Backzeit
Ergibt etwa 8 Stück

Zutaten

Für die Macarons
35 g Mandelblättchen
1 EL Rote-Bete-Saft
65 g Puderzucker
1 Eiweiß
1 Prise Salz
1 Msp. Backpulver

Für die Füllung
50 g Kräuterfrischkäse
50 g Crème fraîche
Salz
frisch gemahlener schwarzer Pfeffer
50 g gekochte Rote Bete

Zum Dekorieren
Kresse

Für die Macarons den Backofen auf 110 °C (Umluft 90 °C) vorheizen. In einer Schüssel die Mandelblättchen mit dem Rote-Bete-Saft gut mischen, auf einem mit Backpapier belegten Blech verteilen. Im vorgeheizten Backofen auf der mittleren Schiene etwa 10 Minuten trocknen lassen, herausnehmen und abkühlen lassen. Anschließend die Mandeln mit 35 g Puderzucker sehr fein mahlen und durch ein feines Sieb drücken. Das Eiweiß mit Salz und Backpulver steif schlagen. 30 g Puderzucker zugeben und weiterschlagen. Die Mandeln untermischen und die Masse in einen Spritzbeutel geben. Auf ein mit Backpapier belegtes Blech mit Abstand 16 Teighäufchen spritzen. Die Temperatur auf 140 °C (Umluft 120 °C) erhöhen. Die Macarons auf der mittleren Schiene etwa 15 Minuten backen, dann den Ofen ausschalten und die Macarons im geöffneten Ofen auskühlen lassen.

Für die Füllung Kräuterfrischkäse und Crème fraîche mit einem Mixer gut verrühren, würzen. Die Füllung in einen Spritzbeutel geben. Die Rote Bete in feine Scheibchen schneiden. Auf die Hälfte der Macarons von der Creme spritzen. Rote-Bete-Scheibchen und Kresse darauf verteilen, mit Salz und Pfeffer würzen und die übrigen Macarons daraufsetzen.

Warmer Ziegenkäse auf Avocado-Salat

Dieses Traumpaar lässt niemanden kalt.

Zubereitung: 25 Minuten plus 3 Minuten Backzeit
Ergibt etwa 8 Stück

Zutaten

Für den Avocado-Salat
1 Avocado
½ Bund Schnittlauch plus Schnittlauch zum Dekorieren
1 EL Olivenöl
1 EL weißer Balsamico-Essig
Salz
1 Prise Cayennepfeffer

Für den Ziegenkäse
120 g Ziegenweichkäse
4 EL flüssiger Honig
20 g Walnusskerne

- Für den Salat die Avocado halbieren, vom Kern befreien, das Fruchtfleisch schälen und in Würfelchen schneiden. Den Schnittlauch in feine Röllchen schneiden. In einer Schüssel Avocado, Schnittlauch, Olivenöl und Balsamico-Essig mischen. Mit Salz und Cayennepfeffer würzen. Den Avocado-Salat auf Tellerchen anrichten.

- Für den Ziegenkäse den Backofen auf 200 °C (Umluft 180 °C) vorheizen. Den Ziegenkäse in acht Scheiben schneiden und auf ein mit Backpapier belegtes Blech legen. Mit Honig beträufeln. Die Walnusskerne grob hacken und ebenfalls auf dem Käse verteilen. Den Käse im vorgeheizten Ofen auf der oberen Schiene etwa 3 Minuten backen. Die Käsescheiben mit einem Pfannenwender auf den Avocado-Salat setzen. Mit Schnittlauchröllchen, Salz und Cayennepfeffer dekorieren und sofort servieren.

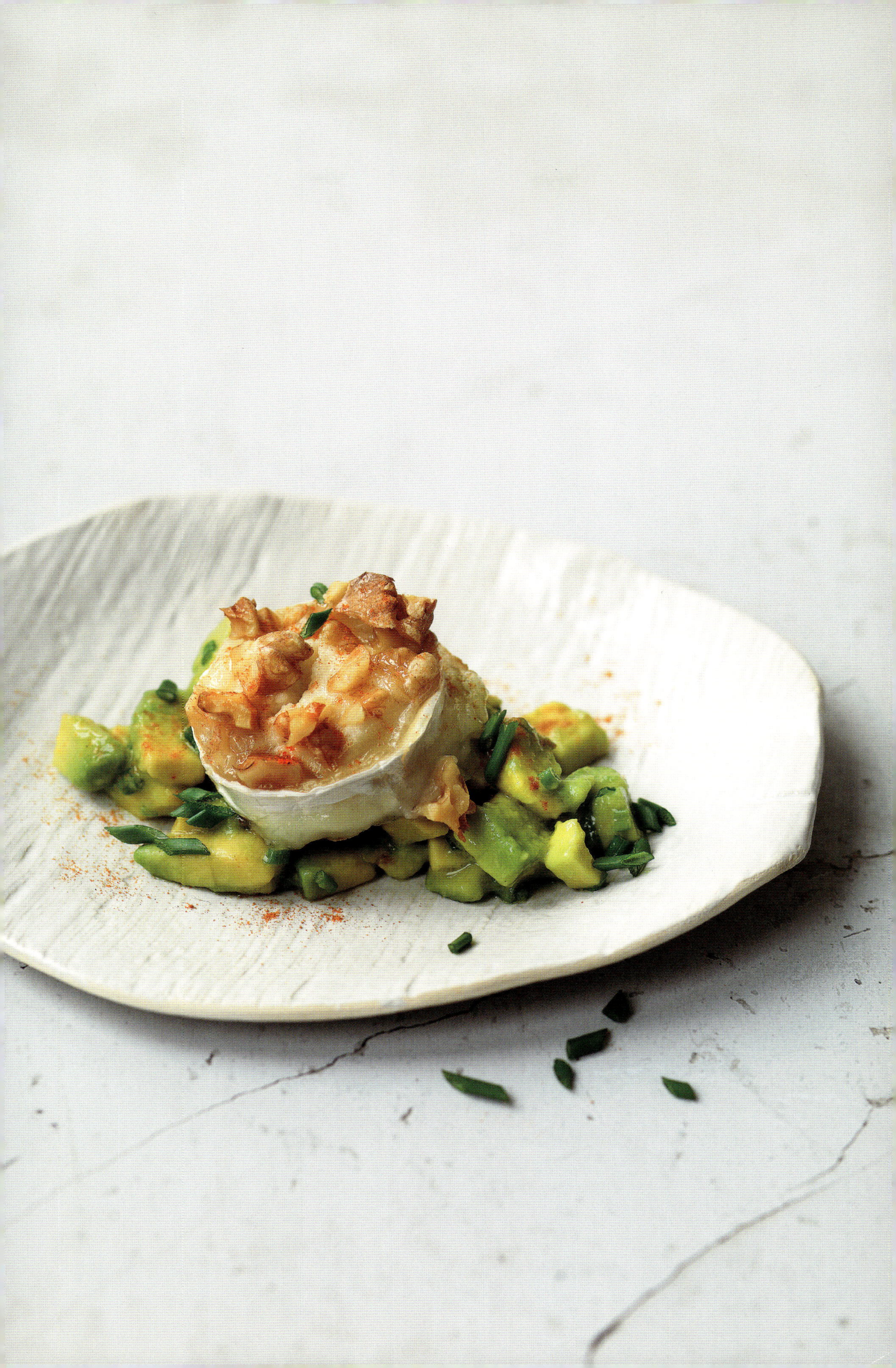

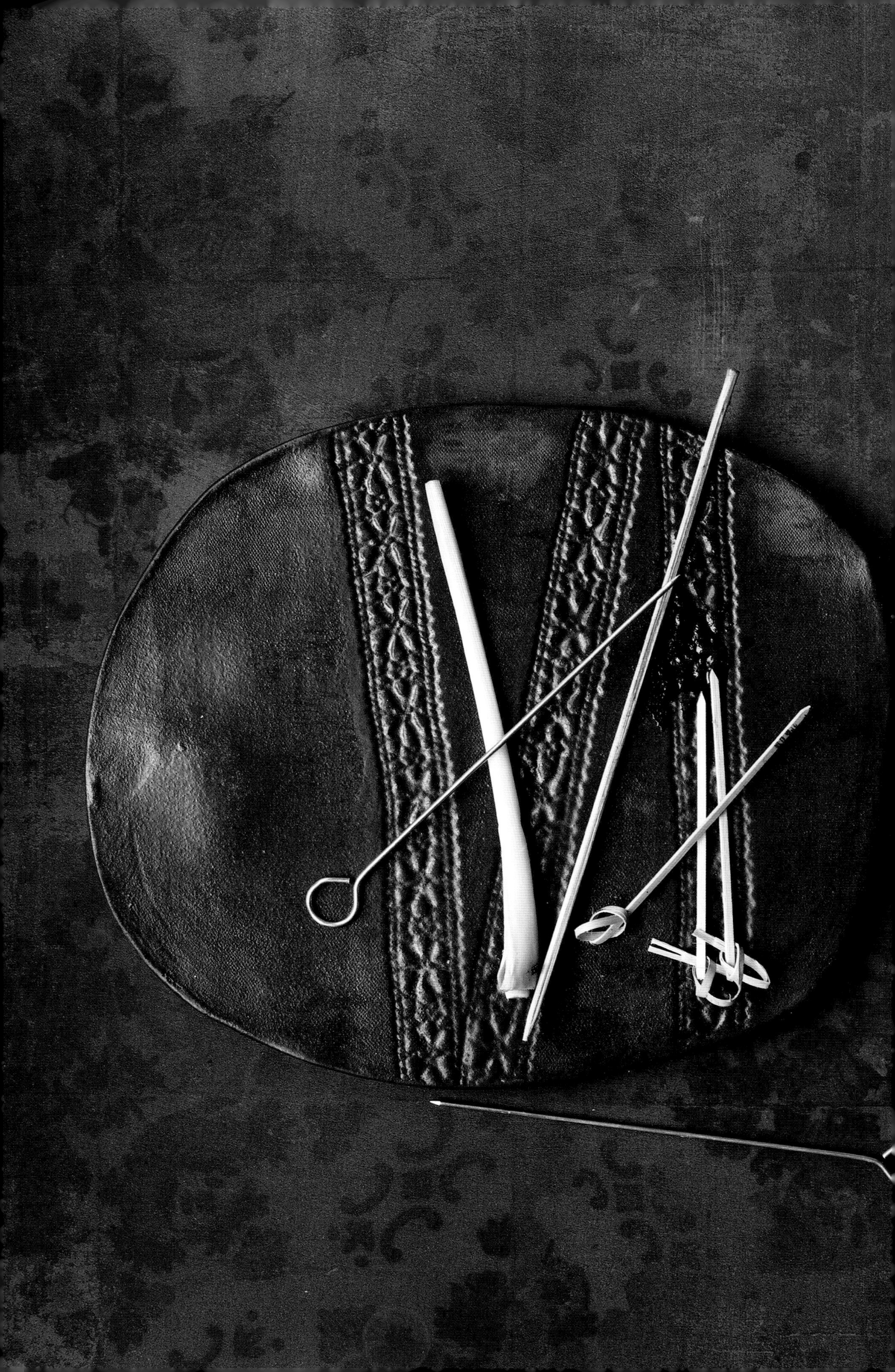

Ausgewählt & aufgespießt

Außergewöhnliche Paare stecken wir hier zusammen auf den Spieß. Kombinieren Sie pikant-süße Puten-Birnen-Spießchen und Käse-Trauben-Spießchen mit Haselnuss und Basilikum. Lassen Sie sich verführen von überraschenden Kombinationen wie den konfierten Auberginen-Röllchen mit Speck. Lassen Sie die Kalbfleisch-Spießchen mit Vinaigrette auf der Zunge zergehen.

Konfierte Auberginen-Röllchen

Seidenzartes im Speckmantel

Zubereitung: 30 Minuten plus 30 Minuten Zeit zum Ziehen
plus etwa 15 Minuten Garzeit
Ergibt etwa 8 Stück

Zutaten

Für die Röllchen
1 Aubergine (etwa 300 g)
Salz
50 ml Olivenöl
1 Schalotte
1 Knoblauchzehe
200 ml Weißwein
100 ml Gemüsebrühe
1 EL Zucker
3 Nelken
2 Lorbeerblätter
8 Zweige Thymian
8 Scheiben Frühstücksspeck

Außerdem
8 Spießchen

Für die Röllchen die Aubergine schälen und längs in etwa 3 mm dünne Scheiben hobeln. Auf einem Blech auslegen, salzen und 30 Minuten ziehen lassen. Mit Küchenpapier trockentupfen. In einer beschichteten Pfanne das Olivenöl bei mittlerer Temperatur erhitzen. Die Auberginenscheiben auf beiden Seiten goldbraun anbraten und in eine feuerfeste Form legen. Schalotte und Knoblauch schälen und grob schneiden. In einem Topf mit Weißwein, Gemüsebrühe, Zucker, Nelken, Lorbeerblättern und vier Thymianzweigen zu einem Sud aufkochen.

Den Backofen auf 160 °C (Umluft 140 °C) vorheizen. Den Sud über die Auberginen gießen. Die Auberginen im vorgeheizten Ofen auf der mittleren Schiene etwa 15 Minuten sanft schmoren beziehungsweise konfieren. Aus dem Ofen nehmen und etwas abkühlen lassen. Die Auberginenscheiben aufrollen, mit je einem Speckstreifen umwickeln und mit Spießchen fixieren. Eine beschichtete Pfanne bei mittlerer Temperatur erhitzen und die Röllchen darin ohne Fett mit dem übrigen Thymian goldbraun braten, warm servieren.

Ausgewählt & aufgespießt

Außergewöhnliche Paare stecken wir hier zusammen auf den Spieß. Kombinieren Sie pikant-süße Puten-Birnen-Spießchen und Käse-Trauben-Spießchen mit Haselnuss und Basilikum. Lassen Sie sich verführen von überraschenden Kombinationen wie den konfierten Auberginen-Röllchen mit Speck. Lassen Sie die Kalbfleisch-Spießchen mit Vinaigrette auf der Zunge zergehen.

Ausgewählt & aufgespießt

Konfierte Auberginen-Röllchen

Seidenzartes im Speckmantel

Zubereitung: 30 Minuten plus 30 Minuten Zeit zum Ziehen
plus etwa 15 Minuten Garzeit
Ergibt etwa 8 Stück

Zutaten

Für die Röllchen
1 Aubergine (etwa 300 g)
Salz
50 ml Olivenöl
1 Schalotte
1 Knoblauchzehe
200 ml Weißwein
100 ml Gemüsebrühe
1 EL Zucker
3 Nelken
2 Lorbeerblätter
8 Zweige Thymian
8 Scheiben Frühstücksspeck

Außerdem
8 Spießchen

Für die Röllchen die Aubergine schälen und längs in etwa 3 mm dünne Scheiben hobeln. Auf einem Blech auslegen, salzen und 30 Minuten ziehen lassen. Mit Küchenpapier trockentupfen. In einer beschichteten Pfanne das Olivenöl bei mittlerer Temperatur erhitzen. Die Auberginenscheiben auf beiden Seiten goldbraun anbraten und in eine feuerfeste Form legen. Schalotte und Knoblauch schälen und grob schneiden. In einem Topf mit Weißwein, Gemüsebrühe, Zucker, Nelken, Lorbeerblättern und vier Thymianzweigen zu einem Sud aufkochen.

Den Backofen auf 160 °C (Umluft 140 °C) vorheizen. Den Sud über die Auberginen gießen. Die Auberginen im vorgeheizten Ofen auf der mittleren Schiene etwa 15 Minuten sanft schmoren beziehungsweise konfieren. Aus dem Ofen nehmen und etwas abkühlen lassen. Die Auberginenscheiben aufrollen, mit je einem Speckstreifen umwickeln und mit Spießchen fixieren. Eine beschichtete Pfanne bei mittlerer Temperatur erhitzen und die Röllchen darin ohne Fett mit dem übrigen Thymian goldbraun braten, warm servieren.

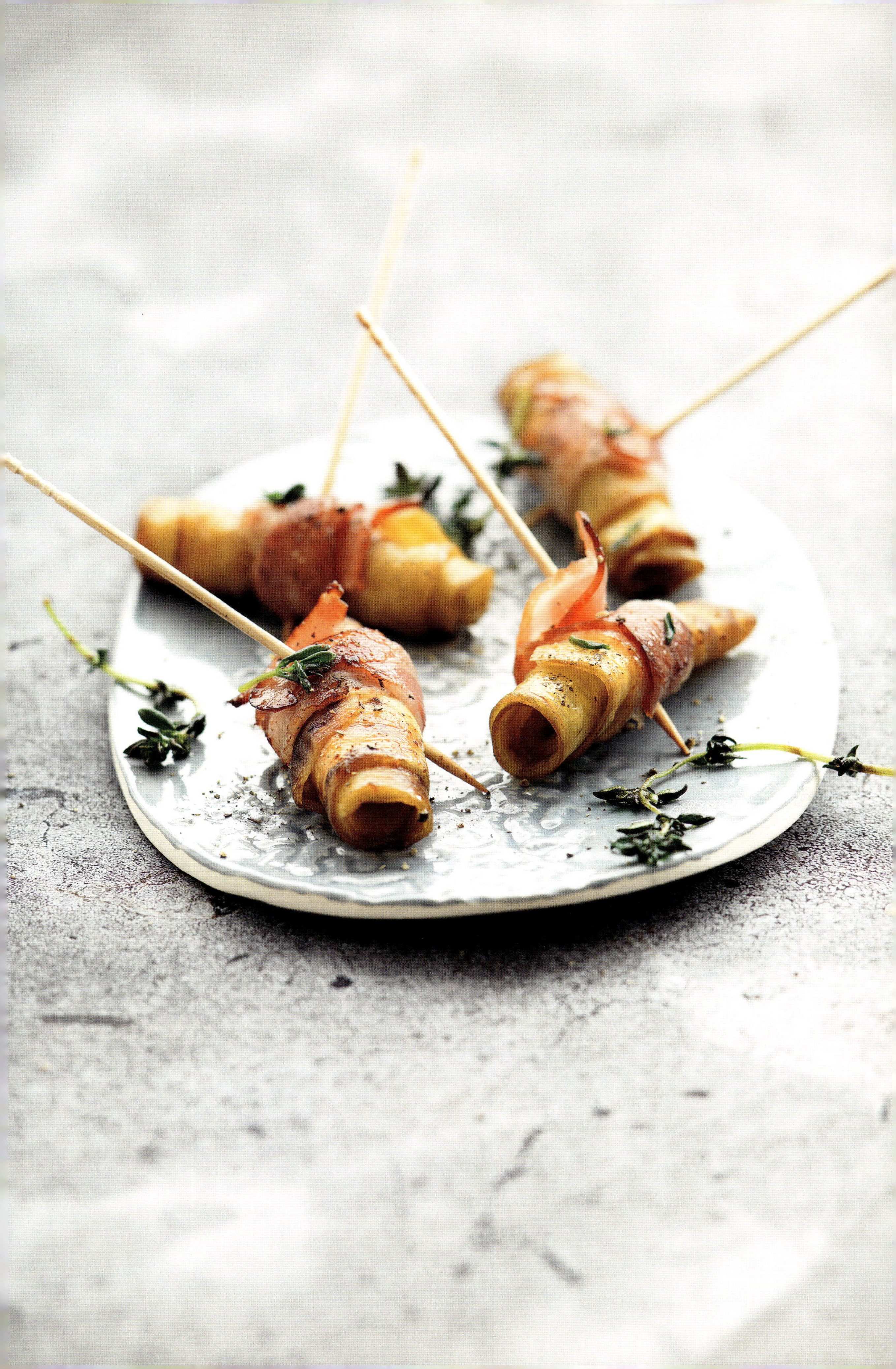

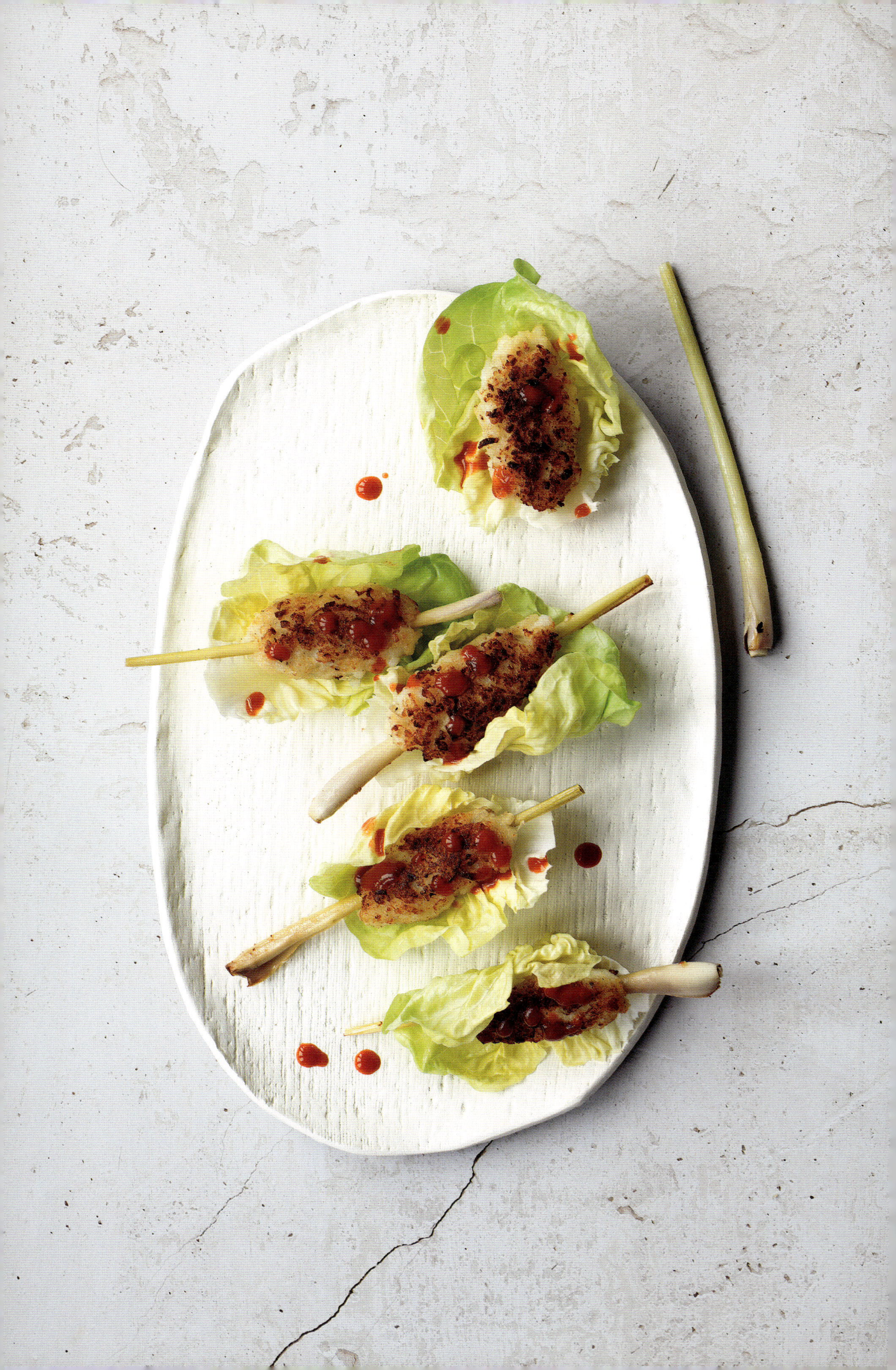

Gebratene Fischspießchen

Schmackhafte Liaison am Zitronengrasstängel

Zubereitung: etwa 30 Minuten
Ergibt etwa 8 Stück

Zutaten

Für die Fischspießchen
200 g Kabeljaufilet
1 kleine Schalotte
1 Knoblauchzehe
25 g Paniermehl
1 EL Limettensaft
1 TL Rohzucker
½ TL Salz
frisch gemahlener schwarzer Pfeffer

Außerdem
8 Stängel Zitronengras
Pflanzenöl zum Braten
8 kleine Kopfsalatblätter
Sriracha-Sauce oder Sweet-Chili-Sauce zum Dekorieren

Für die Fischspießchen Kabeljaufilet und Schalotte sehr fein hacken. Den Knoblauch in einer Knoblauchpresse zerdrücken. In einer Schüssel Filet, Schalotte und Knoblauch mit Paniermehl, Limettensaft und Rohzucker gut mischen. Mit Salz und Pfeffer würzen. Den Teig in acht Portionen teilen und fest an die Zitronengrasstängel drücken, etwas flach drücken. In einer beschichteten Pfanne das Pflanzenöl bei mittlerer Temperatur erhitzen. Die Fischspießchen darin rundum goldbraun braten.

Die Salatblätter auf Teller verteilen. Die Spießchen darauflegen, mit einigen Tropfen Sriracha-Sauce dekorieren und sofort servieren.

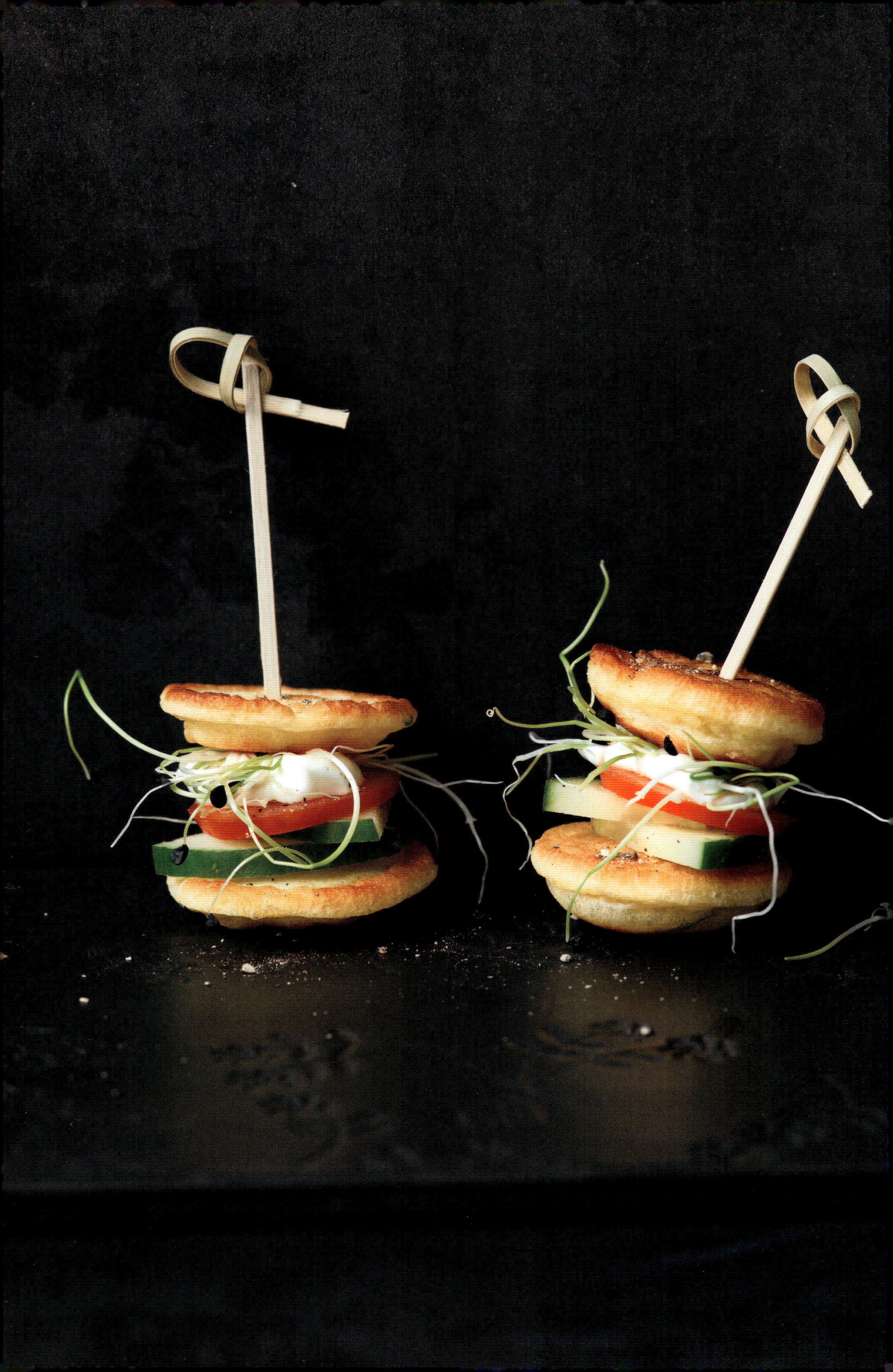

Pancake-Spießchen

Der Doppeldecker mit Gurken, Kirschtomaten und Frischkäse

Zubereitung: 20 Minuten plus 10 Minuten Ruhezeit
Ergibt etwa 8 Stück

Zutaten

Für die Pancakes
70 g Mehl
1 TL Zucker
½ TL Backpulver
1 Msp. Salz
50 ml Milch
1 Ei

Für die Füllung
4 dünne Gurkenscheiben
2 Kirschtomaten
40 g Frischkäse

Außerdem
Pflanzenöl zum Ausbacken
8 Spießchen
Sprossen nach Belieben zum Dekorieren
Fleur de Sel zum Bestreuen

Für die Pancakes in einer Schüssel Mehl, Zucker, Backpulver und Salz mischen. Milch und Ei zugeben und alles gut verquirlen. Den Teig zugedeckt 10 Minuten ruhen lassen. In einer beschichteten Pfanne das Pflanzenöl bei mittlerer Temperatur erhitzen. Portionsweise 16 kleine Pancakes darin goldbraun ausbacken.

Für die Füllung die Gurkenscheiben vierteln und die Kirschtomaten in feine Scheiben schneiden. Auf 8 Pancakes je zwei zwei Gurkenviertel, eine Tomatenscheibe und ein Achtel vom Frischkäse anrichten. Mit Sprossen dekorieren und das Ganze mit einem zweiten Pancake belegen. Alles mit einem Spießchen fixieren und mit Fleur de Sel bestreuen.

Ausgewählt & aufgespießt

Käse-Trauben-Spießchen

Zubereitung: 15 Minuten
Ergibt 8 Stück

Zutaten

Für die Käse-Trauben-Spießchen
120 g Gruyère (alternativ ein anderer würziger Käse)
16 kernlose weiße Trauben

Für das Nuss-Basilikum-Pesto
1 EL Haselnusskerne
½ Bund Basilikum
2 EL Olivenöl
Salz
frisch gemahlener schwarzer Pfeffer

Außerdem
8 Spießchen

- Für die Käse-Trauben-Spießchen den Käse in 16 Würfel schneiden. Mit einem Spießchen jeweils zwei Trauben auf zwei Käsewürfel stecken.

- Für das Pesto die Haselnusskerne fein hacken und in einer Pfanne ohne Fett goldbraun rösten, abkühlen lassen. Das Basilikum fein hacken, mit dem Olivenöl und den Nüssen mischen. Mit Salz und Pfeffer würzen. Die Spießchen auf Teller verteilen und Pesto daraufsetzen.

Puten-Birnen-Spießchen

Zubereitung: 15 Minuten
Ergibt 8 Stück

Zutaten

Für die Puten-Birnen-Spießchen
½ Birne
Zitronenwasser
8 Scheiben geräucherte Putenbrust

Für die Vinaigrette
2 EL Rapsöl
1 EL Kräuteressig
1 TL grobkörniger Senf
10 g Rucola
½ rote Zwiebel
Salz
frisch gemahlener schwarzer Pfeffer

Außerdem
8 Spießchen

- Für die Puten-Birnen-Spießchen die Birnenhälfte vom Kerngehäuse befreien, in vier Spalten schneiden, jede Spalte in je vier Stücke schneiden. Kurz im Zitronenwasser einlegen. Je zwei Birnenstücke mit einer gerollten Scheibe Putenbrust auf ein Spießchen stecken.

- Für die Vinaigrette Rapsöl, Kräuteressig und Senf verrühren. Rucola und Zwiebel fein hacken. In einer Schüssel die Zutaten mischen, mit Salz und Pfeffer würzen. Die Spießchen auf Teller verteilen und mit Vinaigrette beträufeln.

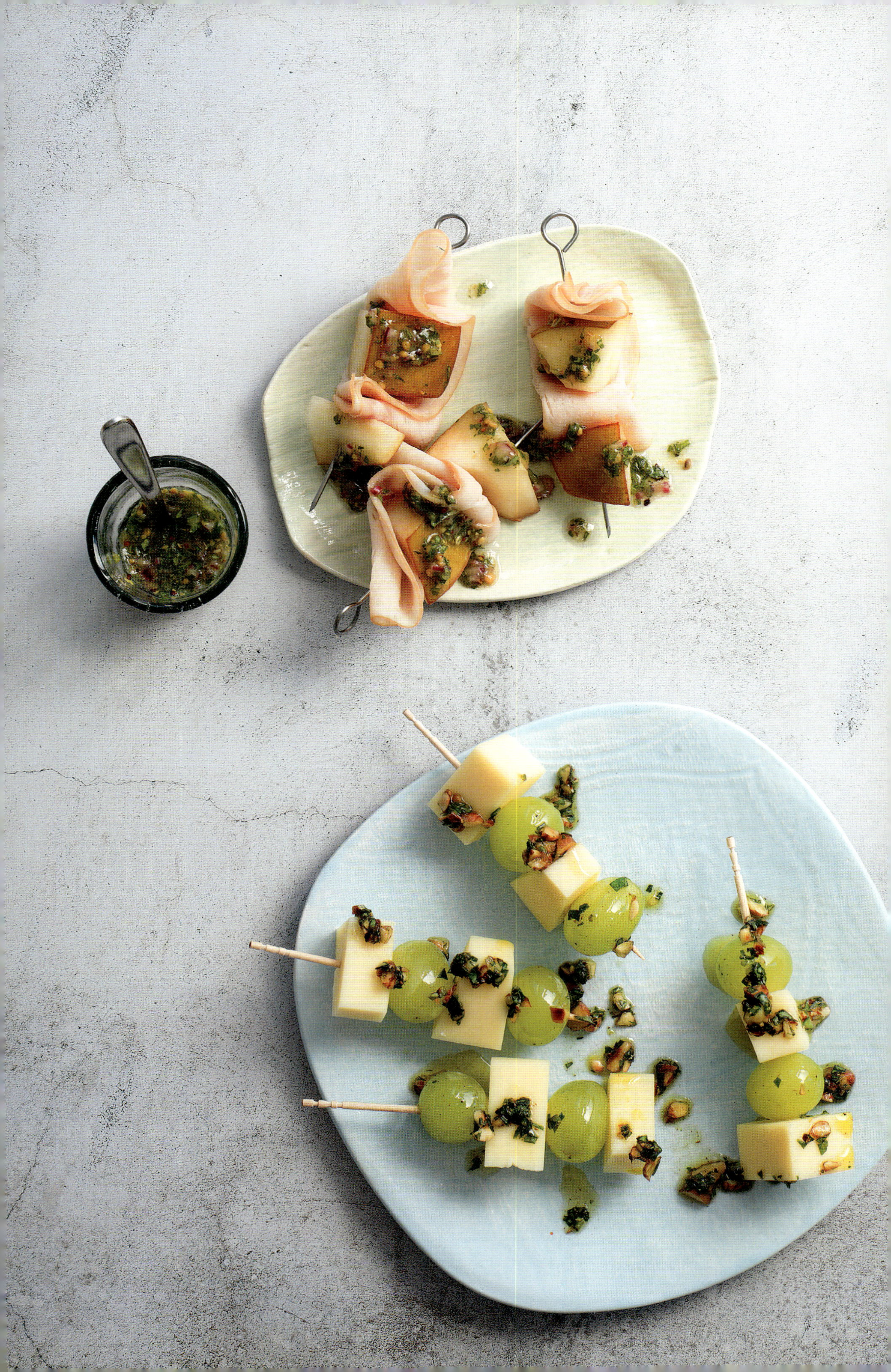

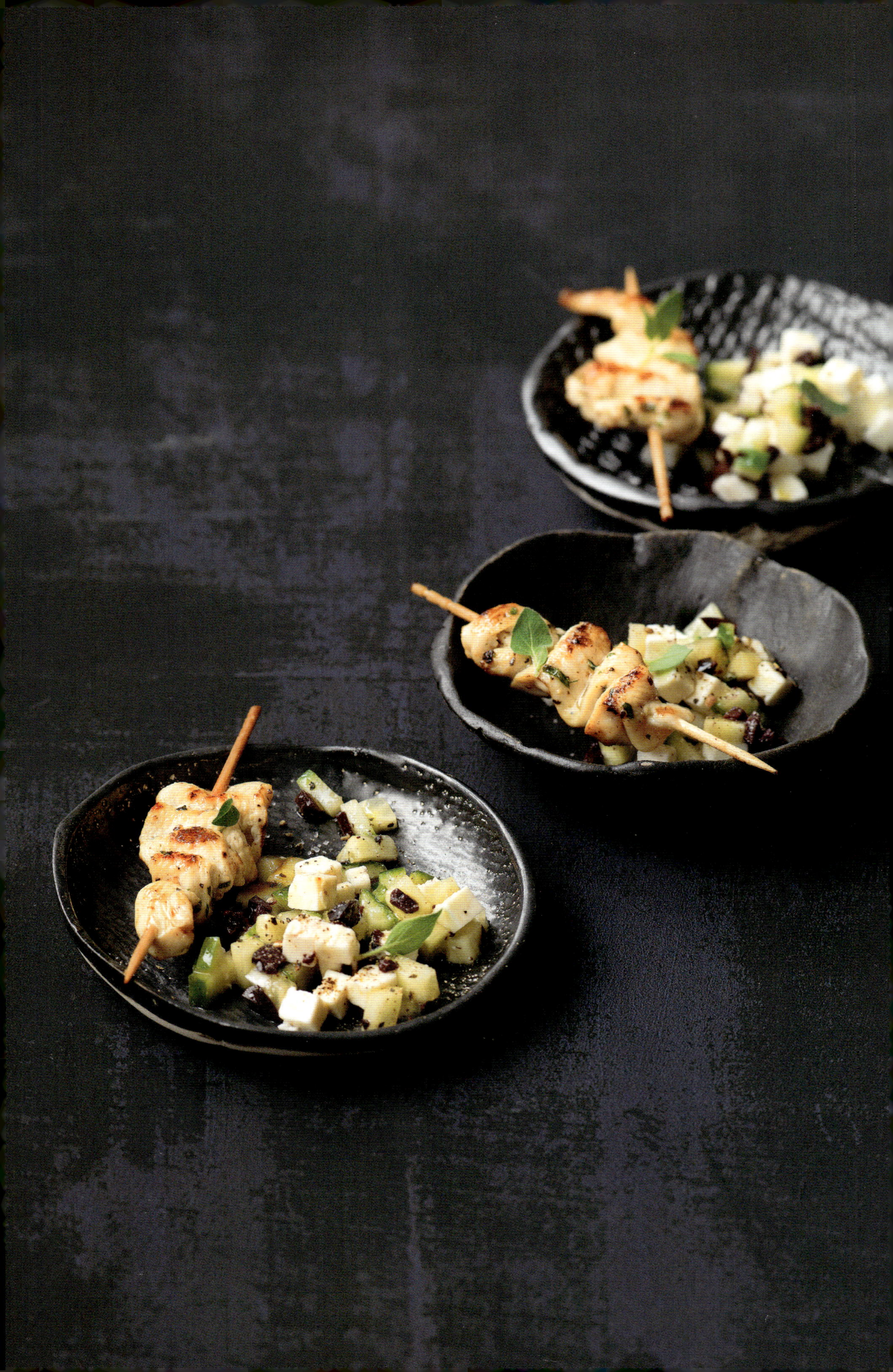

Griechische Hähnchen-Spießchen

Wuncerbar mediterran und würzig

Zubereitung: 20 Minuten plus 10 Minuten Bratzeit
Ergibt etwa 8 Stück

Zutaten

Für den griechischen Salat
75 g Gurke, gewürfelt
50 g Feta, gewürfelt
4 entsteinte schwarze griechische Oliven
2 EL Olivenöl
Salz
frisch gemahlener schwarzer Pfeffer

Für die Hähnchen-Spießchen
100 g Hähnchenbrustfilet
1 Bio-Zitrone
1 Zweig Oregano
2 EL Olivenöl
1 Prise Zucker
½ TL Salz
frisch gemahlener schwarzer Pfeffer

Außerdem
8 Spießchen
Oreganoblättchen zum Dekorieren

- Für den griechischen Salat Gurken- und Fetawürfel in eine Schüssel geben. Die Oliven fein schneiden und zugeben. Das Olivenöl untermischen. Mit Salz und Pfeffer würzen, kühl stellen.

- Für die Spießchen das Hähnchenbrustfilet mit einem scharfen Messer längs in acht feine Streifen schneiden. Mit dem Sparschäler wenig Zitronenschale abschälen, in feine Streifen schneiden und 1 EL Saft auspressen. Den Oregano fein hacken. In einer Schüssel das Olivenöl mit Zitronenschale und -saft, Oregano und Zucker mischen. Die Hähnchenstreifen in der Marinade wenden, sie sollten rundum bedeckt sein. Je einen Hähnchenstreifen auf ein Spießchen stecken. Eine beschichtete Pfanne bei mittlerer Temperatur erhitzen und die Spießchen darin auf jeder Seite knapp 5 Minuten goldbraun braten.

- Den Salat auf Teller verteilen, die Spießchen dazulegen und mit Oreganoblättchen dekorieren.

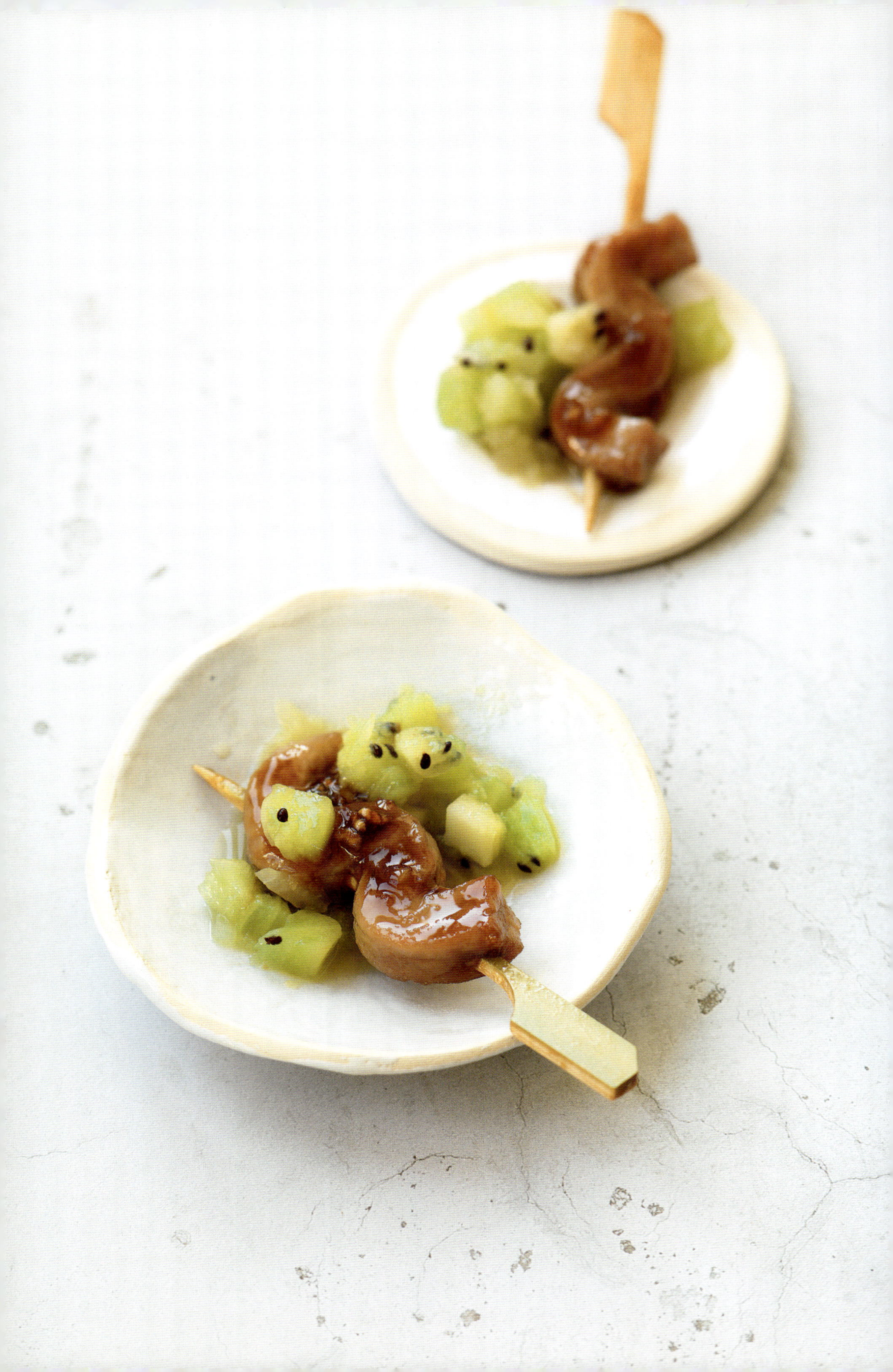

Schweinefleisch-Spießchen mit Kiwi-Sauce

Die Neuseeländerin sorgt für eine süß-pikante Sauce.

Zubereitung: 25 Minuten plus 20 Minuten Koch- und Bratzeit
Ergibt etwa 8 Stück

Zutaten

Für die Kiwi-Sauce
1 kleine Schalotte
½ rote Chilischote
1 EL Sonnenblumenöl
1 EL Zucker
1 EL Essig
1 Kiwi

Für die Schweinefleisch-Spießchen
150 g Schweinesteak (aus der Keule)
1 Knoblauchzehe
1 EL helle Sojasauce
1 EL Sonnenblumenöl plus Sonnenblumenöl zum Braten
1 EL Zucker
1 Prise Salz

Außerdem
8 Spießchen

- Für die Kiwi-Sauce die Schalotte fein hacken, die Chilischote von den Samen befreien und ebenfalls fein hacken. In einer Pfanne das Sonnenblumenöl bei mittlerer Temperatur erhitzen. Schalotte mit Chilischote darin andünsten. Zucker und Essig zugeben und köcheln lassen, bis sich der Zucker aufgelöst hat. Die Sauce in eine kleine Schüssel geben. Die Kiwi fein würfeln und untermischen.

- Für die Spießchen das Schweinefleisch in acht Streifen schneiden, gewellt auf die Spießchen stecken. Den Knoblauch in der Knoblauchpresse zerdrücken, mit Sojasauce, Sonnenblumenöl, Zucker und Salz verrühren. Die Spießchen damit bestreichen. In einer beschichteten Pfanne das Sonnenblumenöl bei mittlerer Temperatur erhitzen und die Spießchen darin rundum goldbraun braten. Die Spießchen mit der Kiwi-Sauce anrichten und warm servieren.

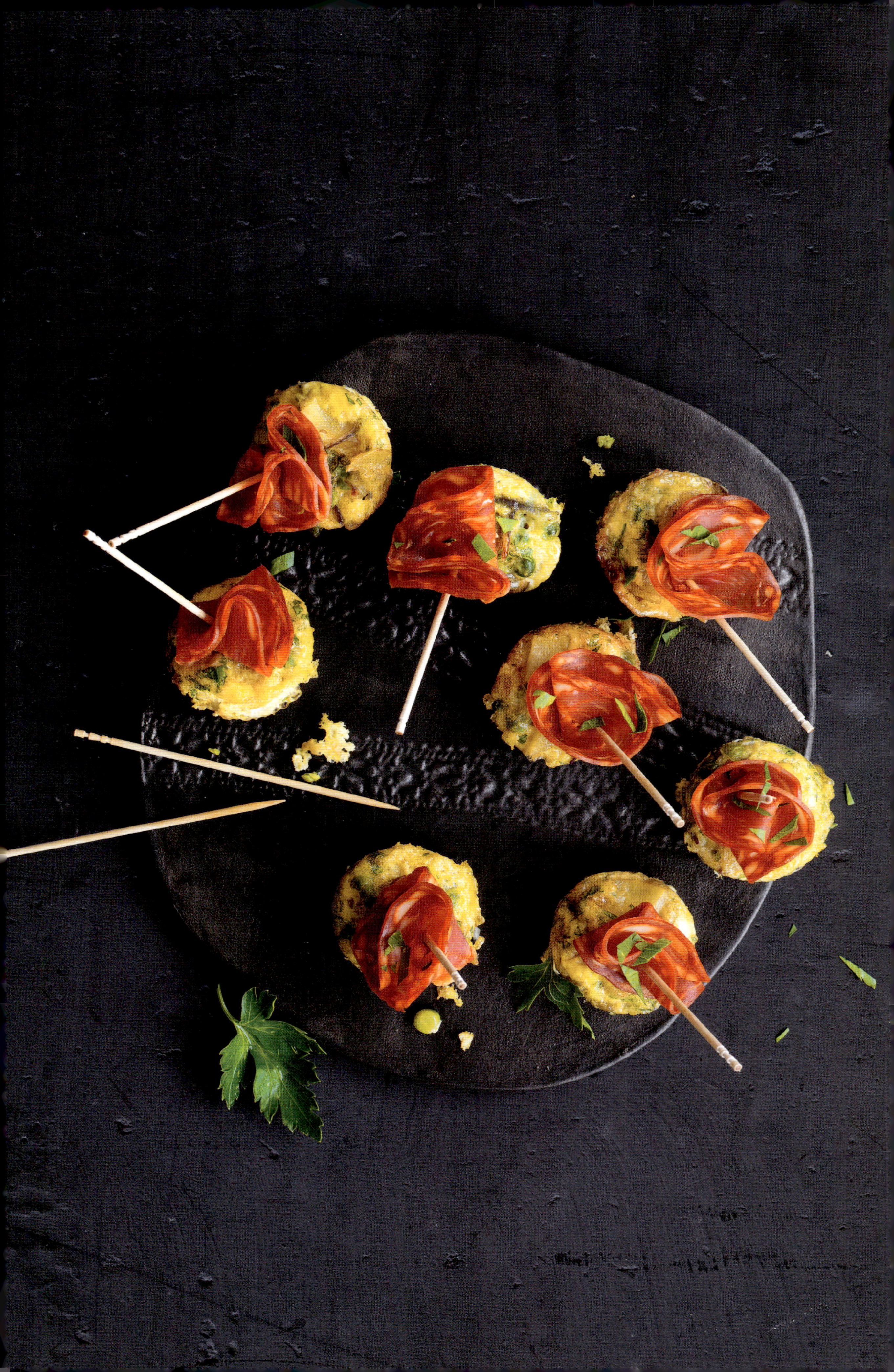

Tortilla-Häppchen mit Chorizo

Olé! Gleich wähnt man sich im heißen Spanien.

Zubereitung: 30 Minuten plus etwa 40 Minuten Backzeit
Ergibt 8 Stück

Zutaten

Für die Mini-Tortillas

75 g festkochende Kartoffeln, geviertelt und in feine Scheiben geschnitten
1 kleine rote Zwiebel, fein gehackt
40 g Gartenerbsen (alternativ TK-Erbsen, aufgetaut)
3 EL Olivenöl
½ TL Salz
¼ TL Cayennepfeffer
2 Stängel glatte Petersilie plus glatte Petersilie zum Dekorieren
2 frische Eier
½ TL Salz
8 Scheiben Chorizo (würzige spanische Wurst)

Außerdem

Cupcake-Blech mit 8 Vertiefungen von je etwa 4,5 cm Ø, gut eingeölt
8 Spießchen

Für die Mini-Tortillas in einer Schüssel Kartoffelscheibchen, Zwiebel, Erbsen und Olivenöl mischen, mit Salz und Cayennepfeffer würzen. Den Backofen auf 160 °C (Umluft 140 °C) vorheizen. Die Gemüsemischung in die Vertiefungen des Cupcake-Blechs geben und die Form mit Alufolie abdecken. Im vorgeheizten Ofen auf der mittleren Schiene etwa 20 Minuten garen. Das Blech aus dem Ofen nehmen. Die Petersilie fein hacken und mit den Eiern verquirlen, mit Salz würzen. Den Guss über das Gemüse verteilen und in etwa 20 Minuten fertig backen. Aus dem Ofen nehmen und etwas abkühlen lassen. Die Mini-Tortillas aus der Form lösen, die Chorizo-Scheiben auf die Mini-Tortillas spießen. Die Petersilie hacken und darüberstreuen. Die Tortillas lauwarm servieren.

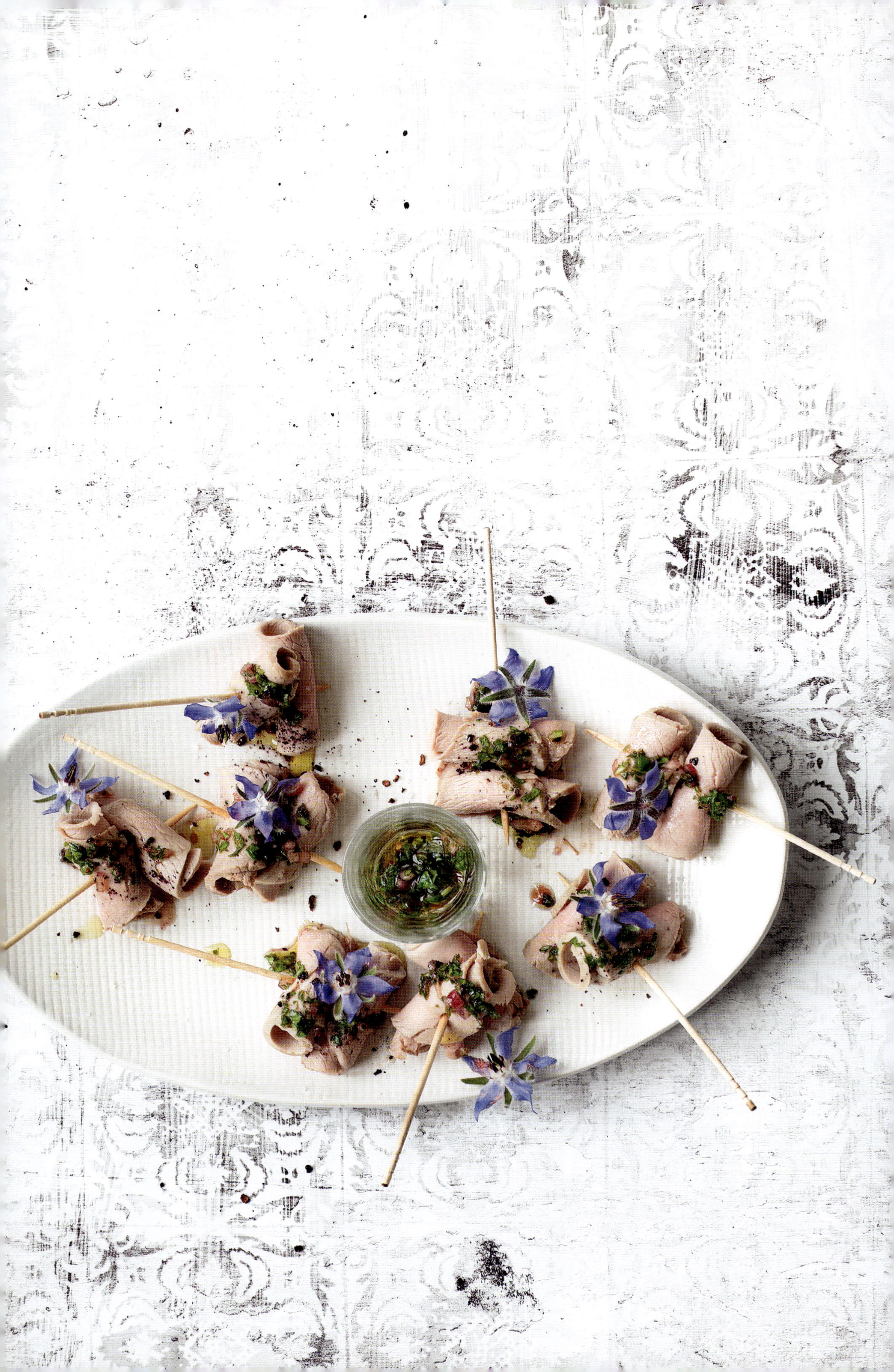

Kalbfleisch-Spießchen mit Rucola-Vinaigrette

Feinstes Fleisch, geadelt durch eine vornehme Französin

Zubereitung: 20 Minuten plus etwa 35 Minuten Kochzeit und Zeit zum Ziehen
Ergibt etwa 8 Stück

Zutaten

Für das Kalbfleisch
100 ml Weißwein
1 Zwiebel
1 Knoblauchzehe
1 Zweig Rosmarin
1 TL Salz
300 g Kalbfleisch (aus der Keule)

Für die Rucola-Vinaigrette
1 kleine rote Zwiebel
20 g Rucola
2 EL Olivenöl
1 EL weißer Balsamico-Essig
¼ TL Tasmanischer Pfeffer (alternativ schwarzer Pfeffer)
Fleur de Sel

Außerdem
8 Spießchen
Borretschblüten zum Dekorieren

▪ Für das Kalbfleisch den Weißwein und 300 ml Wasser in einen Topf füllen. Die Zwiebel schälen und vierteln, den Knoblauch schälen und zerdrücken. Zwiebel, Knoblauch, Rosmarin und Salz in die Pfanne geben und die Flüssigkeit aufkochen. Die Temperatur reduzieren und das Fleisch zugeben. Auf niedrigster Stufe etwa 30 Minuten ziehen lassen. Den Topf vom Herd ziehen. Das Fleisch im Sud auskühlen lassen, anschließend kühl stellen.

▪ Für die Vinaigrette Zwiebel und Rucola fein hacken, beides in einer Schüssel mit Olivenöl, Balsamico-Essig, Tasmanischem Pfeffer und Fleur de Sel mischen. Das Fleisch mit der Aufschnittmaschine oder einem scharfen Messer in 2–3 mm dünne Scheiben schneiden. Je zwei Scheiben Fleisch aufrollen und auf ein Spießchen stecken. Die Spießchen mit der Vinaigrette beträufeln und mit Borretschblüten dekoriert servieren.

Frittiert & ungewöhnlich

Wie Frittiertes sich vorzüglich und geschmackvoll auftischen lässt, zeigt Ihnen dieses Kapitel. Ungewöhnliche und frische Zutaten verleihen diesen Häppchen ihre spezielle Note. Und das Auge isst mit. Ob lässige Knusperrollen mit rassigem Hähnchen oder Papadam-Chips mit herrlicher Joghurt-Mousse – aufregend und knusprig kommt das daher.

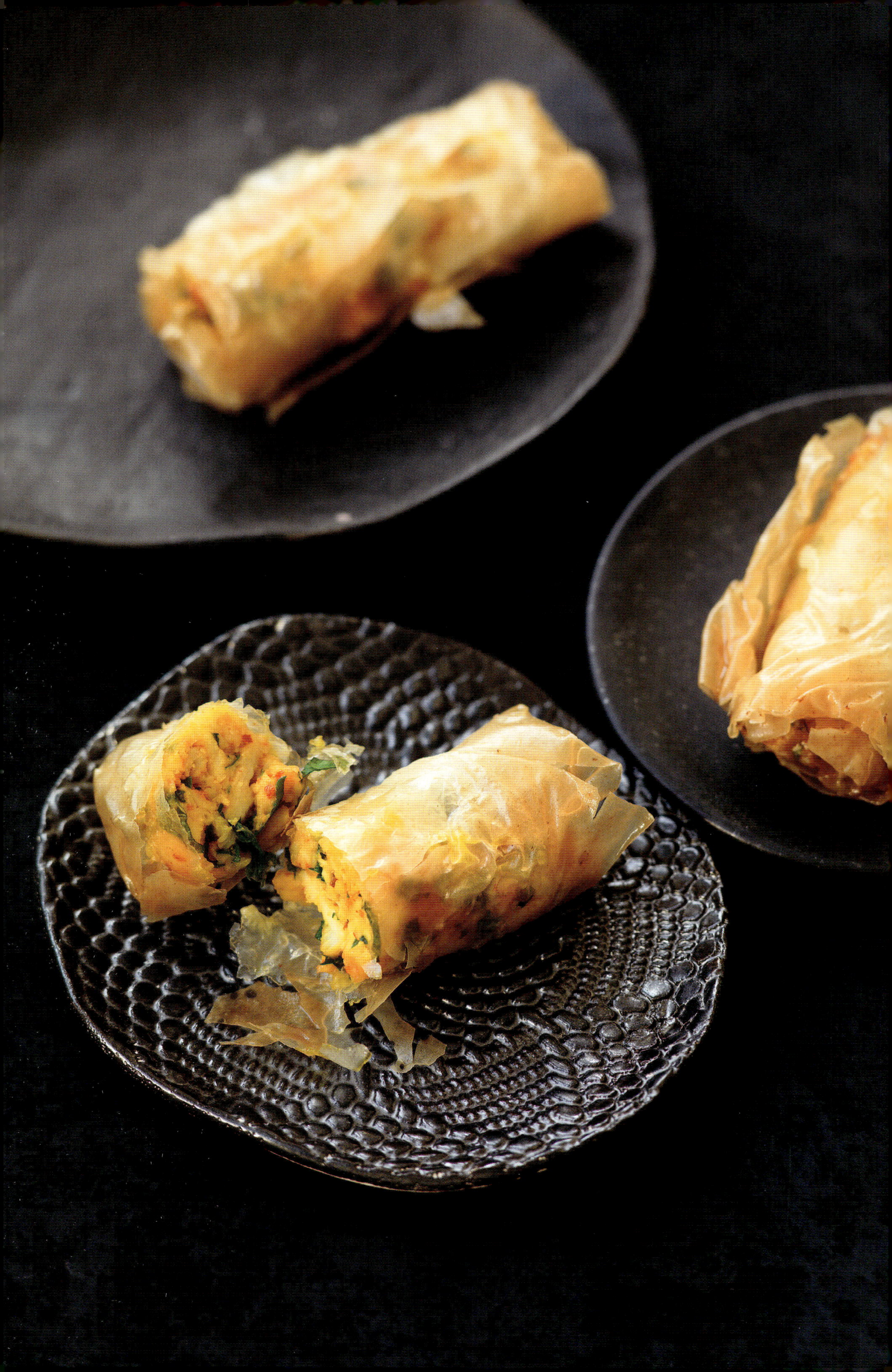

Knusperrollen mit rassigem Hähnchen

Ein Stück Maghreb auf der Zunge

Zubereitung: 30 Minuten
Ergibt 8 Stück

Zutaten

100 g Hähnchenbrustfilet
½ kleine Zwiebel
2 Stängel glatte Petersilie
1 Ei
1 TL Harissa (orientalische Würzpaste)
1 g Safranpulver
½ TL Salz
frisch gemahlener schwarzer Pfeffer
1 EL Speisestärke
2 Filoteig-Blätter
(aus dem gut sortierten Lebensmittelhandel)

Außerdem

etwa 500 ml Öl zum Frittieren

Für die Knusperrollen Hähnchenfleisch, Zwiebel und Petersilie fein hacken. In einer Schüssel mit Ei, Harissa und Safranpulver gut mischen. Mit Salz und Pfeffer würzen. Die Speisestärke mit 1 EL Wasser verrühren. Die Filoteig-Blätter vierteln.

Die Füllung jeweils auf einen Rand der Teigstücke verteilen. Die Seitenränder einschlagen und die Teigblätter mit der Füllung aufrollen. Die Enden mit der Speisestärke bestreichen, gut festdrücken und etwas trocknen lassen. In einem Topf oder einer Fritteuse das Öl bei hoher Temperatur erhitzen. Die Hähnchenrollen im heißen Öl etwa 3 Minuten goldbraun ausbacken. Aus der Pfanne nehmen und auf Küchenpapier abtropfen lassen.

Tipp: Das Frittieröl ist heiß genug, wenn an einem Holzstäbchen kleine Blasen aufsteigen.

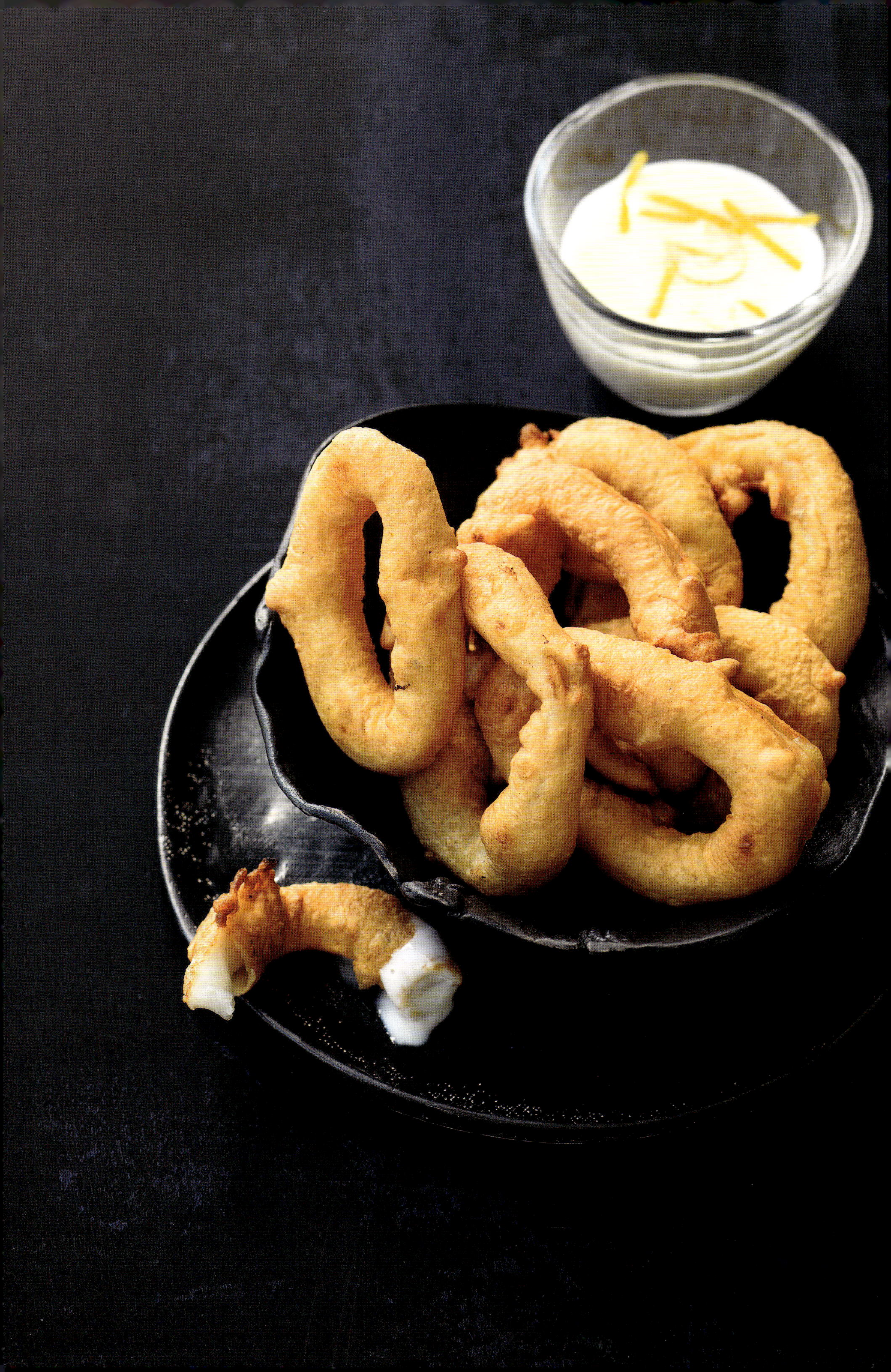

Frittierte Tintenfischringe mit Honig-Joghurt-Dip

Frischer Tintenfisch, zart und fein

Zubereitung: 30 Minuten
Ergibt etwa 8 Stück

Zutaten

Für die Tintenfischringe
75 g Mehl
1 Ei
1 TL Salz
frisch gemahlener schwarzer Pfeffer
100 g küchenfertige Tintenfischringe

Für den Honig-Joghurt-Dip
2 EL Mayonnaise
1 EL Akazienhonig
1 EL Naturjoghurt
1 TL abgeriebene Schale von 1 Bio-Grapefruit
Salz
frisch gemahlener schwarzer Pfeffer

Außerdem
Mehl zum Bestauben
etwa 500 ml Öl zum Frittieren

- Für die Tintenfischringe in einer Schüssel Mehl, Ei und 50 ml Wasser verquirlen. Mit Salz und Pfeffer würzen. Die Tintenfischringe mit wenig Mehl bestauben. In einem Topf oder einer Fritteuse das Öl bei hoher Temperatur erhitzen. Die Tintenfischringe durch den Teig ziehen und im heißen Öl etwa 1 Minute goldgelb ausbacken. Auf Küchenpapier abtropfen lassen.

- Für den Honig-Joghurt-Dip in einer kleinen Schüssel Mayonnaise, Akazienhonig und Joghurt gut verrühren. Grapefruitschale untermischen und mit Salz und Pfeffer würzen.

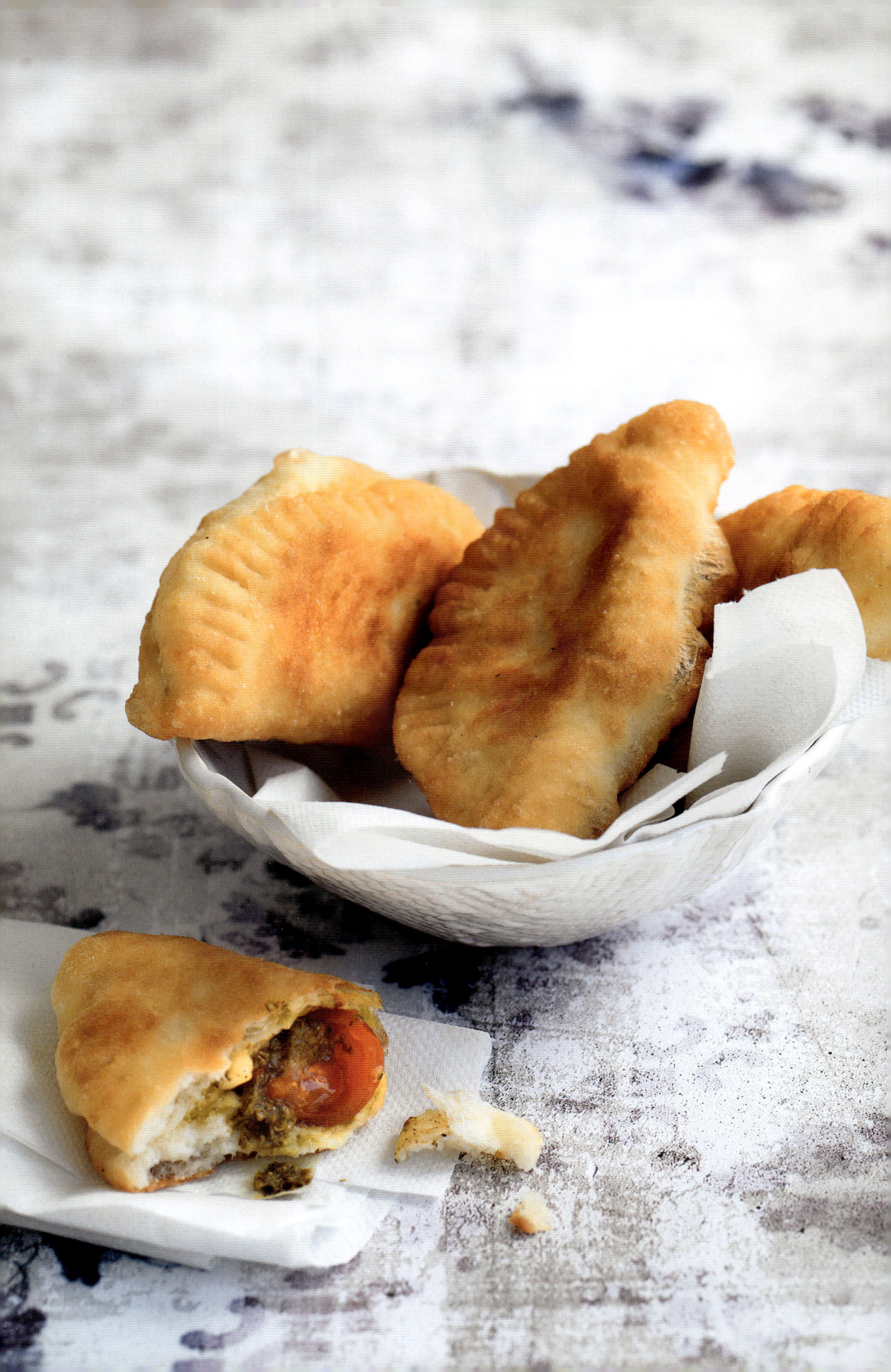

Mini-Calzone

Grazie Italia. Dazu vielleicht ein Glas Prosecco?

Zubereitung: 30 Minuten plus etwa 30 Minuten Gehzeit
Ergibt etwa 8 Stück

Zutaten

Für den Teig
125 g Mehl
½ TL Salz
½ TL Trockenhefe
1 Prise Zucker
1 EL Olivenöl

Für die Füllung
2 Kirschtomaten
4 kleine Mozzarella-Kugeln
2 EL grünes Pesto
Salz
frisch gemahlener schwarzer Pfeffer

Außerdem
Mehl für die Arbeitsplatte
etwa 500 ml Öl zum Frittieren

- Für den Teig in einer Schüssel Mehl, Salz, Hefe und Zucker mischen. Olivenöl und 75 ml Wasser zugeben und alles zu einem geschmeidigen Teig verkneten. Den Teig zugedeckt etwa 30 Minuten gehen lassen.

- Für die Füllung die Kirschtomaten vierteln und die Mozzarella-Kugeln halbieren. Den Teig in acht Stücke teilen und zu Kugeln formen. Die Kugeln auf einer mit Mehl bestaubten Arbeitsfläche zu Teigkreisen von etwa 10 cm Ø ausrollen. Je ein Tomatenviertel und eine halbe Mozzarella-Kugel mit 1 TL Pesto auf die Teigmitte geben, mit Salz und Pfeffer würzen. Die Teigränder mit Wasser bestreichen, den Teig zu Taschen zusammenklappen. Die Ränder mit einer Gabel sehr gut zusammendrücken. In einem Topf oder einer Fritteuse das Öl bei hoher Temperatur erhitzen. Die Mini-Calzone im heißen Öl auf jeder Seite etwa 2 Minuten goldgelb ausbacken. Auf Küchenpapier abtropfen lassen.

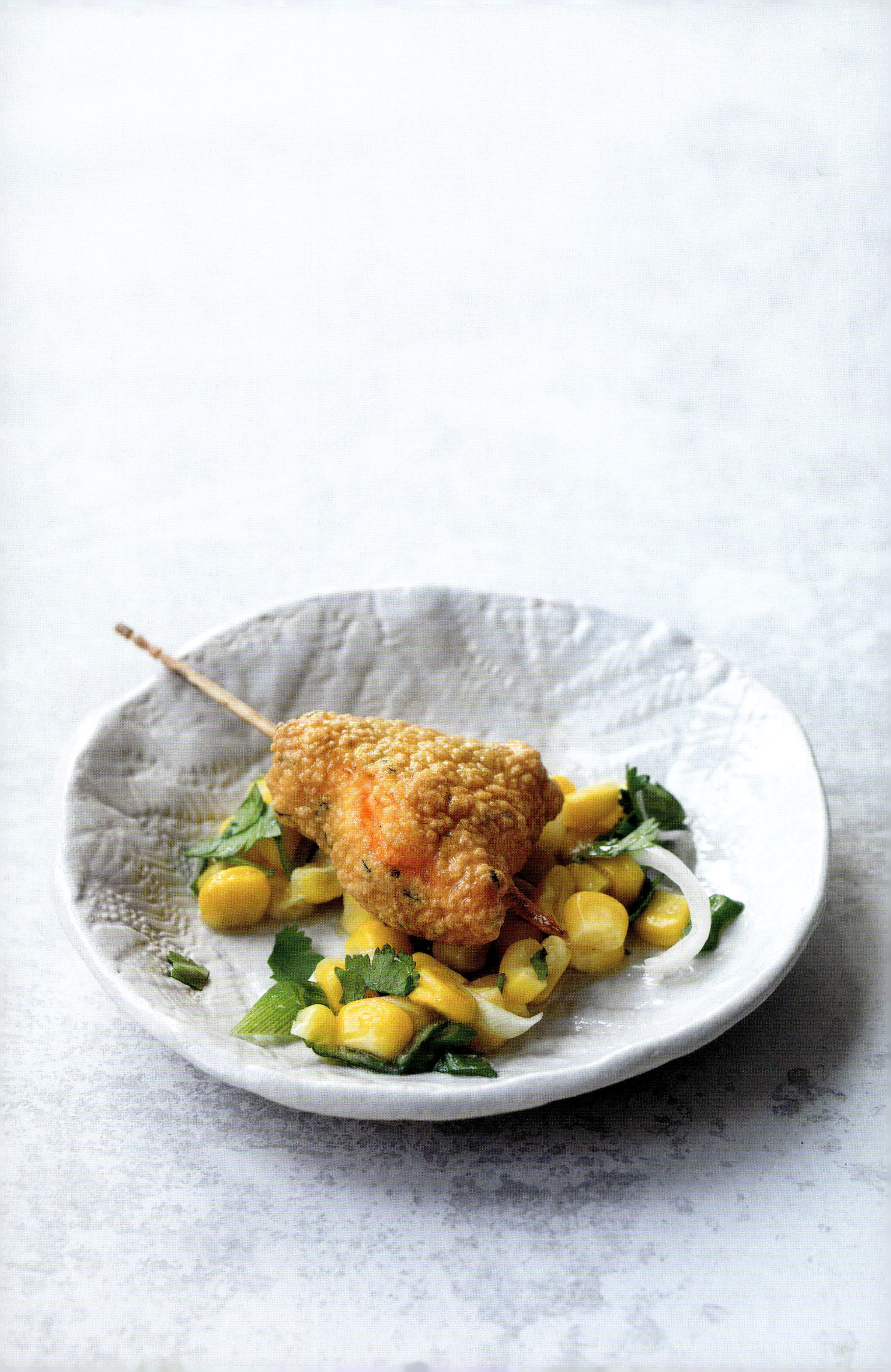

Lachs-Tempura auf Maissalat

Asiatisch ummantelter Edelfisch

Zubereitung: 30 Minuten
Ergibt 8 Stück

Zutaten

Für den Maissalat
½ Frühlingszwiebel
4 Stängel Koriander
140 g Zuckermais (1 kleine Dose)
1 EL Limettensaft
2 EL Olivenöl
Salz
frisch gemahlener schwarzer Pfeffer

Für die Lachs-Tempura
25 g Mehl
½ TL Schwarzkümmel
Salz
1 Ei
150 g Lachsfilet ohne Haut

Außerdem
etwa 500 ml Öl zum Frittieren
8 Spießchen

- Für den Maissalat die Frühlingszwiebel in feine Scheiben schneiden, den Koriander fein hacken. In einer Schüssel Zwiebel und Koriander mit Mais, Limettensaft und Olivenöl gut mischen. Mit Salz und Pfeffer würzen.

- Für die Lachs-Tempura in einer Schüssel Mehl, Schwarzkümmel und 1 Prise Salz mischen. Das Ei verquirlen. Die Mehlmischung mit der Hälfte des Eis und 1 EL eiskaltem Wasser zu einem halbflüssigen Teig verrühren. Das Lachsfilet in acht Würfel schneiden und mit ½ TL Salz würzen. Die Lachswürfel auf Spießchen stecken. In einem Topf oder einer Fritteuse das Öl bei hoher Temperatur erhitzen. Die Lachswürfel durch den Teig ziehen und im heißen Öl etwa 2 Minuten goldgelb ausbacken. Herausnehmen und auf Küchenpapier abtropfen lassen.

- Den Salat auf Tellern anrichten und die Lachs-Tempura darauflegen.

Frittiert & ungewöhnlich

Hähnchen-Nuggets auf Ananas-Ketchup

Tropenfrucht trifft auf Texas-Tradition.

Zubereitung: 40 Minuten plus 10 Minuten Koch- und Backzeit
Ergibt etwa 8 Stück

Zutaten

Für den Ananas-Ketchup

- 1 Zwiebel
- 1 rote Chilischote
- 1 EL Sonnenblumenöl
- 175 g Ananas, fein gewürfelt
- 200 g Tomaten, fein gewürfelt
- 40 g brauner Zucker
- 100 ml Apfelessig
- 1 EL Tomatenmark
- ½ TL Salz

Für die Hähnchen-Nuggets

- 150 g Hähnchenbrustfilet
- 1 EL Maisstärke
- 1 EL Sojasauce
- frisch gemahlener schwarzer Pfeffer
- 4 EL Panko-Paniermehl

Außerdem

- etwa 500 ml Öl zum Frittieren
- Korianderblättchen zum Dekorieren

Für den Ananas-Ketchup Zwiebel und Chilischote fein hacken. In einer Pfanne das Sonnenblumenöl bei mittlerer Temperatur erhitzen und Zwiebel, Chilischote, Ananas und Tomate darin etwa 3 Minuten andünsten. Den Zucker zugeben und alles etwas karamellisieren lassen. Essig, Tomatenmark und Salz zugeben. Die Sauce offen einköcheln lassen, bis fast alle Flüssigkeit verdampft ist, fein pürieren und abkühlen lassen.

Für die Nuggets das Hähnchenbrustfilet in acht Würfel schneiden. In einer Schüssel Maisstärke, Sojasauce und Pfeffer verrühren. Die Fleischwürfel darin wenden. Das Panko-Paniermehl auf einen Teller geben und die Fleischwürfel panieren. In einem Topf oder einer Fritteuse das Öl bei hoher Temperatur erhitzen. Die Fleischwürfel im heißen Öl etwa 4 Minuten goldbraun ausbacken. Herausnehmen und auf Küchenpapier abtropfen lassen.

Den Ketchup auf Tellern anrichten und die Hähnchen-Nuggets darauflegen. Die Korianderblättchen fein schneiden und darüberstreuen.

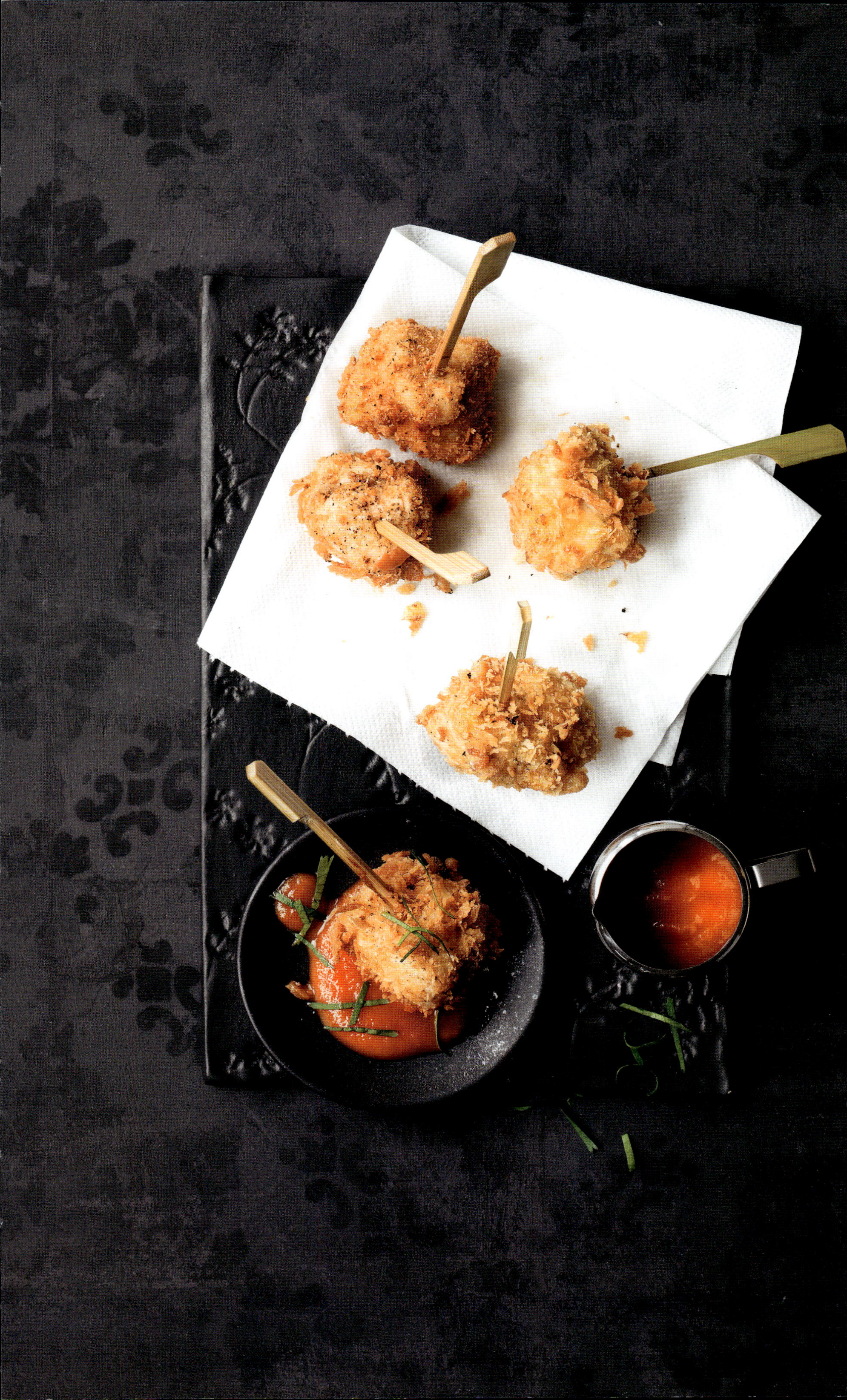

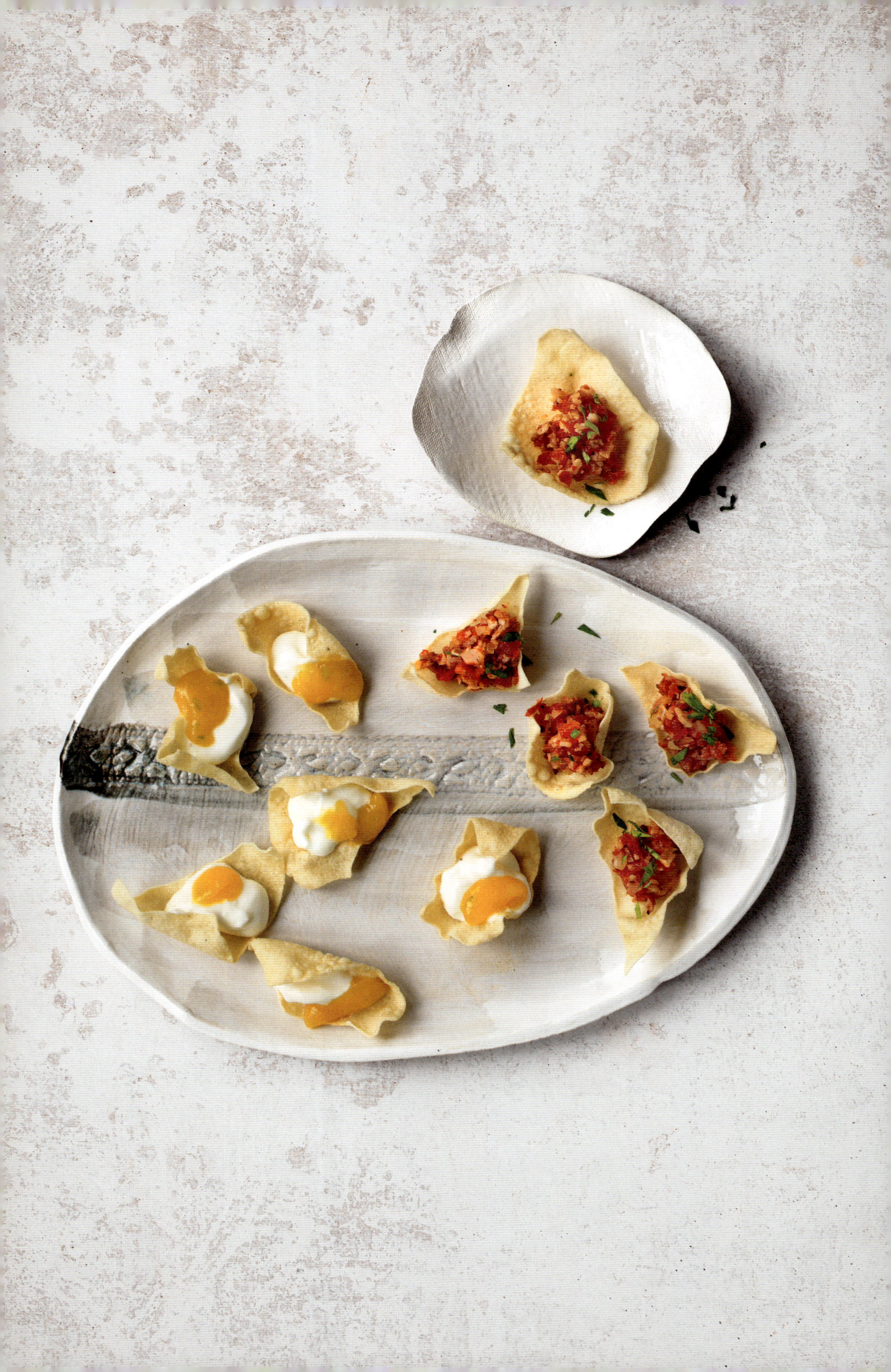

Frittiert & ungewöhnlich

Papadam-Chips mit Joghurt-Mousse

Zubereitung: 20 Minuten plus 10 Minuten Einweichzeit plus 1 Stunde Kühlzeit
Ergibt etwa 8 Portionen

Zutaten

Für die Papadam-Chips
2 Papadam (indisches Fladenbrot)
etwa 500 ml Öl zum Frittieren

Für die Joghurt-Mousse
½ Blatt Gelatine
50 g Naturjoghurt
50 ml Sahne
Salz
frisch gemahlener schwarzer Pfeffer

Für die Mango-Sauce
50 g reife Mango, gewürfelt
1 Msp. Salz
½ grüne Chilischote
1 TL Akazienhonig

- Für die Mousse die Gelatine in kaltem Wasser etwa 10 Minuten einweichen, ausdrücken und in einer kleinen Schale im Wasserbad auflösen. Den Joghurt in eine Schüssel geben und die Gelatine gut unterrühren. Die Sahne steif schlagen und untermischen. Die Mousse mit Salz und Pfeffer würzen, 1 Stunde kühl stellen.

- Für die Mango-Sauce alle Zutaten mit dem Pürierstab zu einer feinen Creme verarbeiten, kühl stellen.

- Für die Papadam-Chips in einem Topf oder einer Fritteuse das Öl bei hoher Temperatur erhitzen. Das Brot in etwa 2,5 cm kleine Stücke brechen und im heißen Öl etwa 10 Sekunden knusprig ausbacken.

- Die Joghurt-Mousse auf die Chips geben, Mango-Sauce darüberträufeln und sofort servieren.

Papadam-Chips mit Peppadew-Speck-Tatar

Zubereitung: 20 Minuten plus 10 Minuten Brat- und Backzeit
Ergibt etwa 8 Portionen

Zutaten

Für die Papadam-Chips
2 Papadam (indisches Fladenbrot)

Für das Tatar
50 g Speck, in feine Scheiben geschnitten
50 g pikant eingelegte kleine Parikaschoten aus dem Glas

Außerdem
etwa 500 ml Öl zum Frittieren
2 Stängel glatte Petersilie, die Blätter abgezupft, zum Dekorieren

- Für das Tatar eine kleine Pfanne bei hoher Temperatur erhitzen. Die Speckscheiben darin knusprig braten. Auf Küchenpapier abtropfen lassen. Die eingelegten Paprikaschoten gut abtropfen lassen. Beides sehr fein hacken und mischen.

- Für die Papadam-Chips in einem Topf oder einer Fritteuse das Öl bei hoher Temperatur erhitzen. Das Brot in etwa 2,5 cm kleine Stücke brechen und im heißen Öl etwa 10 Sekunden knusprig ausbacken.

- Das Tatar auf die Chips geben, die Petersilie fein hacken und darüberstreuen. Die Chips sofort servieren.

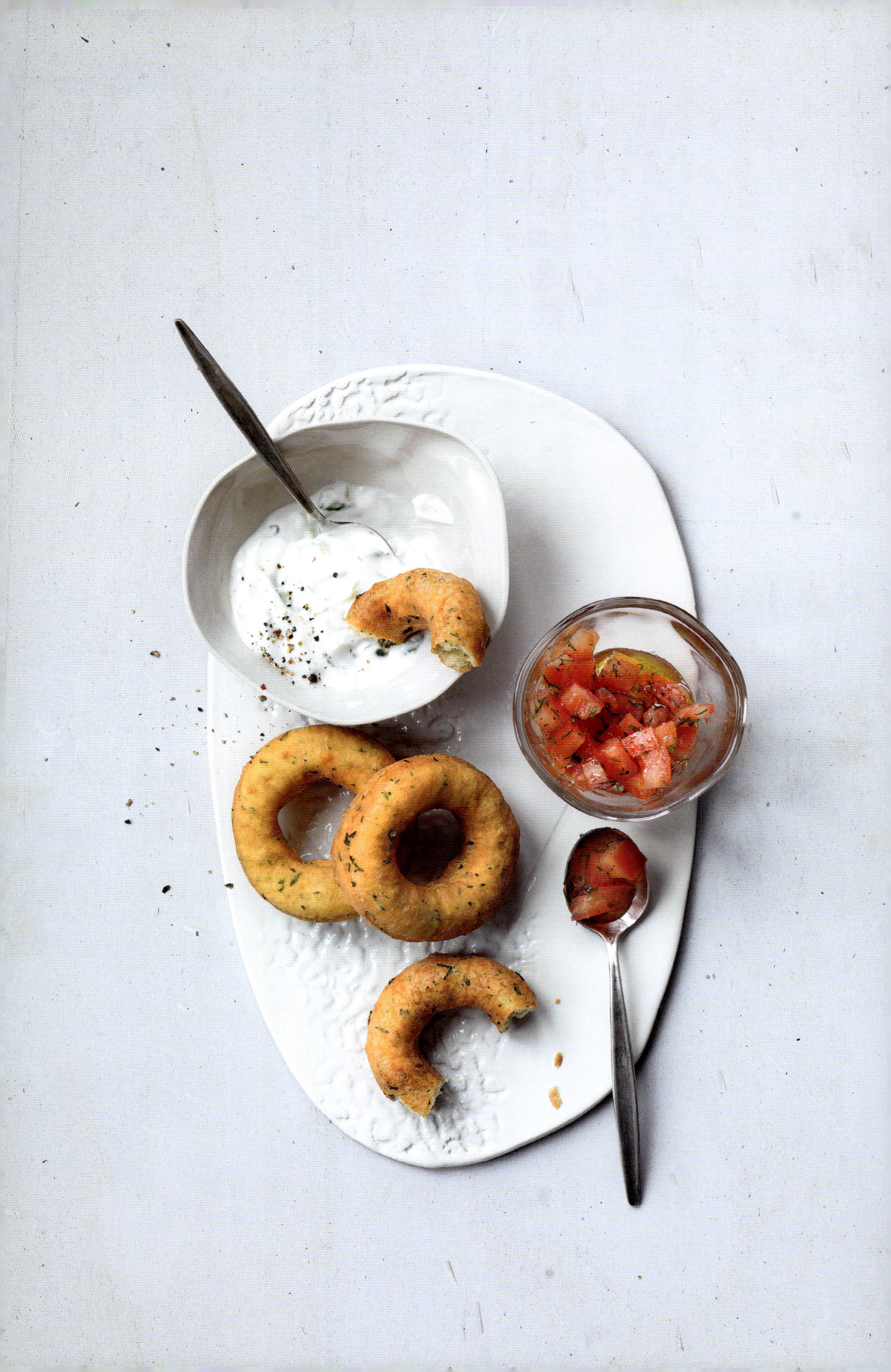

Kräuterkringel mit Joghurt-Dip und Tomaten-Salsa

Luftiger Kringel, dazu gleich zweierlei Saucen

Zubereitung: 30 Minuten plus 15 Minuten Zeit zum Durchziehen
Ergibt etwa 8 Stück

Zutaten

Für den Joghurt-Dip
50 g Gurke
¼ TL Salz
90 g griechischer Joghurt
frisch gemahlener schwarzer Pfeffer

Für die Tomaten-Salsa
1 Tomate
1 Stängel Dill
1 EL Olivenöl
1 EL weißer Balsamico-Essig
Salz
frisch gemahlener schwarzer Pfeffer

Für die Kräuterkringel
90 g Mehl
½ TL Backpulver
¼ TL Salz
1 Stängel glatte Petersilie
2 Stängel Dill
1 Ei
50 g griechischer Joghurt

Außerdem
Mehl für die Arbeitsfläche
etwa 500 ml Öl zum Frittieren

- Für den Joghurt-Dip die Gurke schälen und fein reiben. In eine Schüssel geben, das Salz unterrühren und 15 Minuten ziehen lassen. Die Gurke in ein Sieb geben, gut ausdrücken, mit dem Joghurt mischen und mit Pfeffer würzen.

- Für die Salsa die Tomate halbieren, von den Kernen befreien und das Fruchtfleisch fein würfeln. Den Dill fein schneiden. Tomate und Dill in einer kleinen Schüssel mit Olivenöl und Balsamico-Essig mischen. Mit Salz und Pfeffer würzen.

- Für die Kräuterkringel in einer Schüssel Mehl, Backpulver und Salz mischen. Die Kräuter fein hacken und unterheben. Das Ei verquirlen und die Hälfte davon mit dem Joghurt verrühren, zu den anderen Zutaten in der Schüssel geben. Alles zu einem homogenen Teig vermischen, der nicht mehr klebt. Den Teig auf einer mit Mehl bestaubten Arbeitsfläche etwa 1 cm dick ausrollen. Mit einem Ausstecher Teigkreise von etwa 6 cm Ø ausstechen, mit einem kleineren Ausstecher daraus Kreise von etwa 3 cm Ø ausstechen. In einem Topf oder einer Fritteuse das Öl bei hoher Temperatur erhitzen. Die Teigkringel und -kreise darin von jeder Seite etwa 1 ½ Minuten goldbraun ausbacken. Die Kräuterkringel lauwarm mit Dip und Salsa servieren, nach Belieben die Kreise dazuservieren.

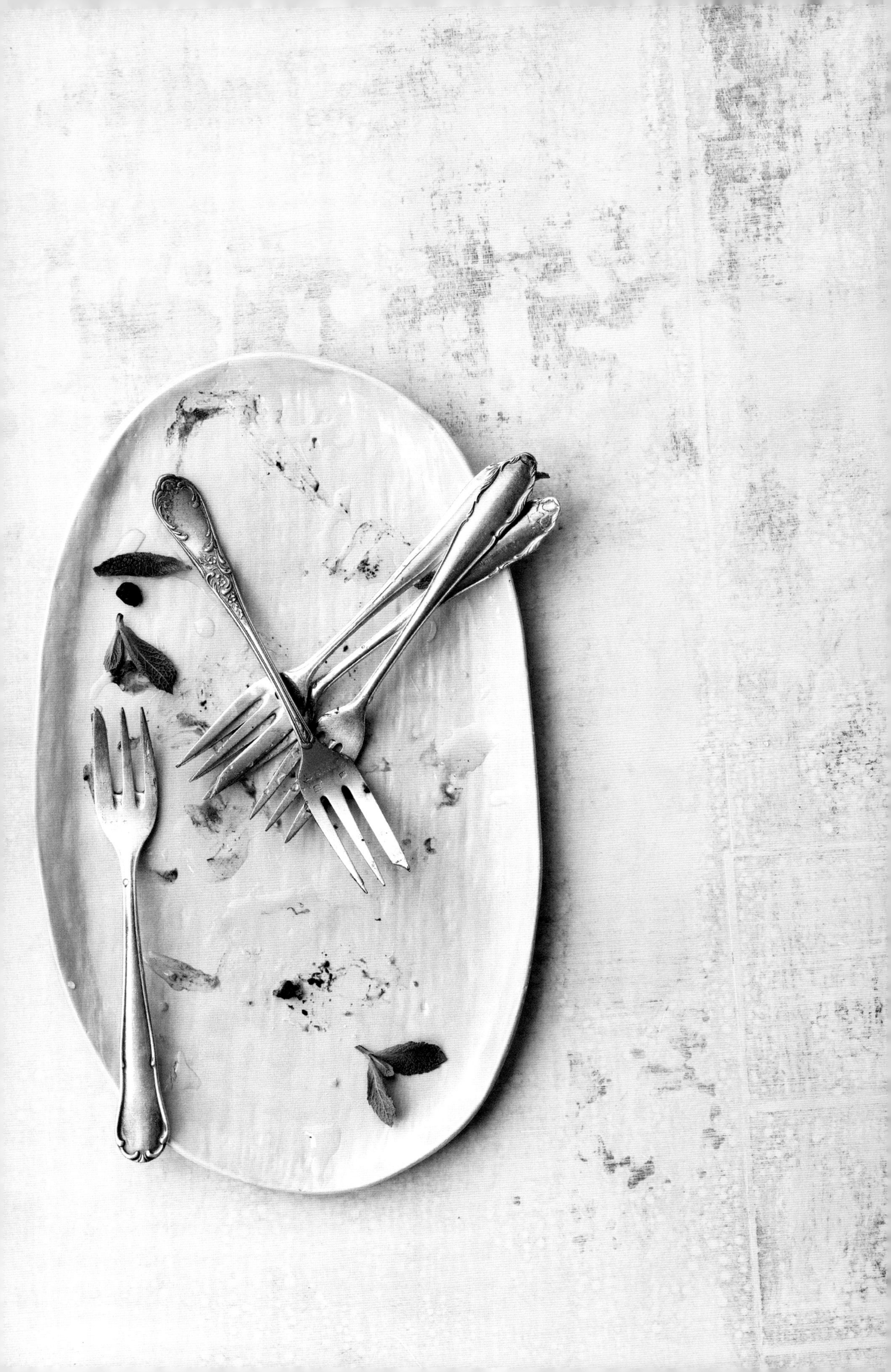

Klein & süß

Süße Kleinigkeiten, ein ganzes Bouquet. Da fühlt man sich gleich an legendäre Zuckerbäcker erinnert. Von Wien bis Warschau, von London bis Havanna kredenzten sie ihre verspielten Preziosen. Herrliche Meringues, Küchlein und Cremes begeisterten ehedem vornehmlich den Adel. Heute hingegen können Sie sich und Ihre Gäste verzaubern lassen. Wie wär's mit Himbeer-Kugeln im Kokoskleid, lauwarmem Mokka-Soufflé oder edlen Mandelschnitten?

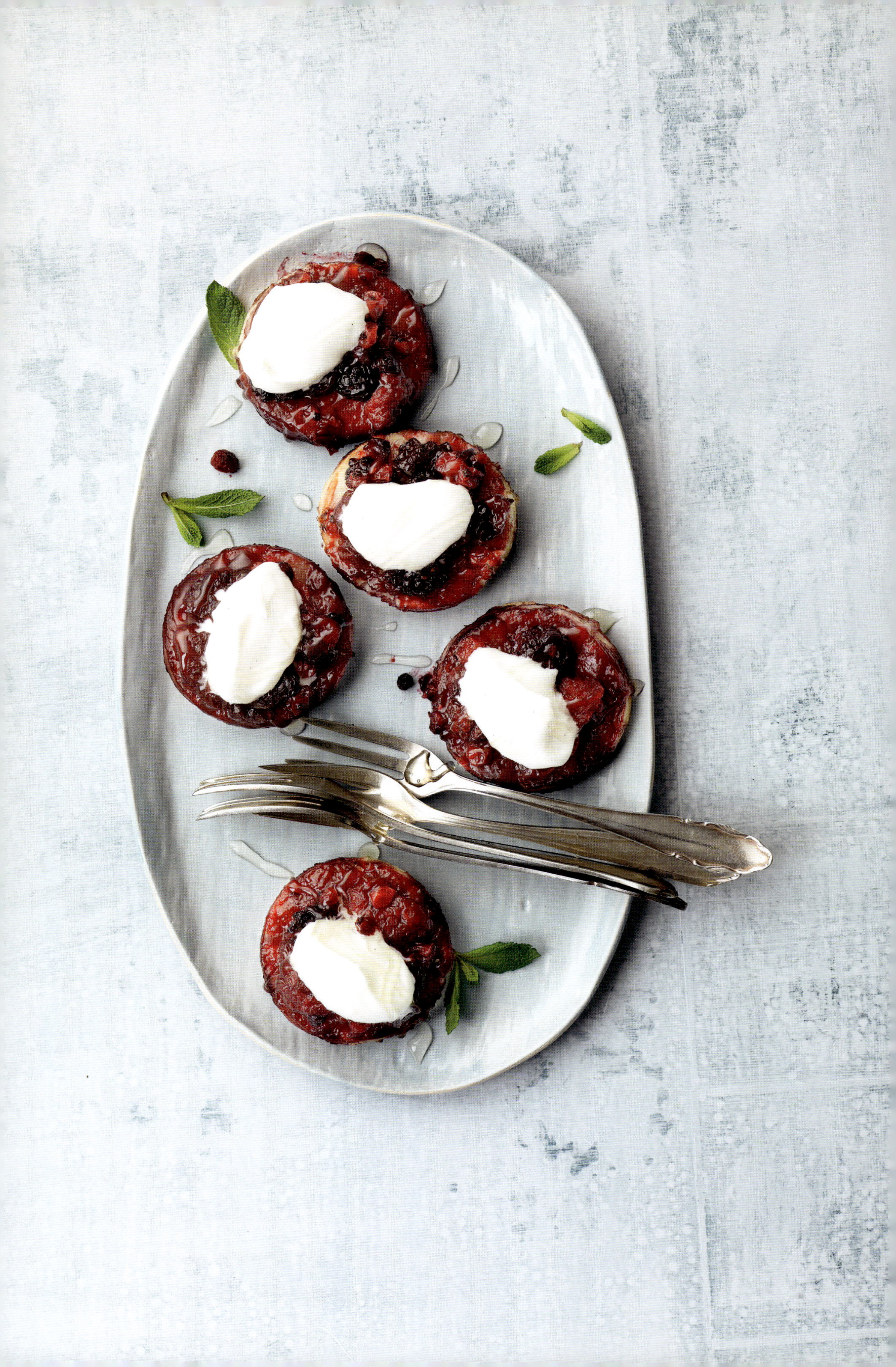

Beeren-Tartelettes

Akazienhonig und Vanillesahne sorgen für den letzten Schliff.

Zubereitung: 30 Minuten plus 15 Minuten Kühlzeit
plus etwa 15 Minuten Backzeit
Ergibt etwa 8 Stück

Zutaten

Für den Teig
100 g Mehl
25 g gemahlene Walnusskerne
25 g Zucker
1 Prise Salz
50 g Butter
50 g Quark (Halbfettstufe, 20 %)

Für die Beeren
150 g gemischte Beeren
2 EL flüssiger Akazienhonig plus Akazienhonig zum Beträufeln
10 g Butter

Für die Vanille-Sahne
50 ml Sahne
1 TL Puderzucker
1 Msp. Vanillemark

Außerdem
Muffin-Blech mit 8 Vertiefungen von etwa 8 cm Ø
8 Stücke Backpapier von je etwa 5 cm Ø
Mehl für die Arbeitsfläche
Minzeblättchen zum Dekorieren

- Für den Teig in einer Schüssel Mehl, Walnusskerne, Zucker und Salz mischen. Die Butter in Flöckchen zugeben und alles krümelig reiben. Den Quark hinzufügen und alles zu einem weichen Teig verarbeiten, 15 Minuten kühl stellen.

- Für die Beeren den Backofen auf 200 °C (Umluft 180 °C) vorheizen. Das Backpapier in die Vertiefungen des Muffin-Blechs legen. Die Beeren darauf verteilen. Den Honig darüberträufeln, die Butter in Flöckchen daraufsetzen. Im vorgeheizten Ofen auf der mittleren Schiene etwa 5 Minuten backen. Aus dem Ofen nehmen und etwas abkühlen lassen.

- Den Teig auf einer mit Mehl bestaubten Arbeitsfläche ausrollen. Teigkreise von etwa 7 cm Ø ausstechen. Auf die Beeren legen, etwas andrücken und leicht zwischen Beeren und Formrand schieben. Das Blech wieder in den Ofen schieben und die Tartelettes in etwa 10 Minuten fertig backen. Aus dem Ofen nehmen und etwa 5 Minuten abkühlen lassen. Die Tartelettes auf ein Brett stürzen und auf Tellern verteilen.

- Für die Vanille-Sahne die Sahne mit Puderzucker und Vanillemark steif schlagen. Mit einem Teelöffel auf die Tartelettes verteilen. Mit Minzeblättchen verzieren und mit Akazienhonig beträufeln.

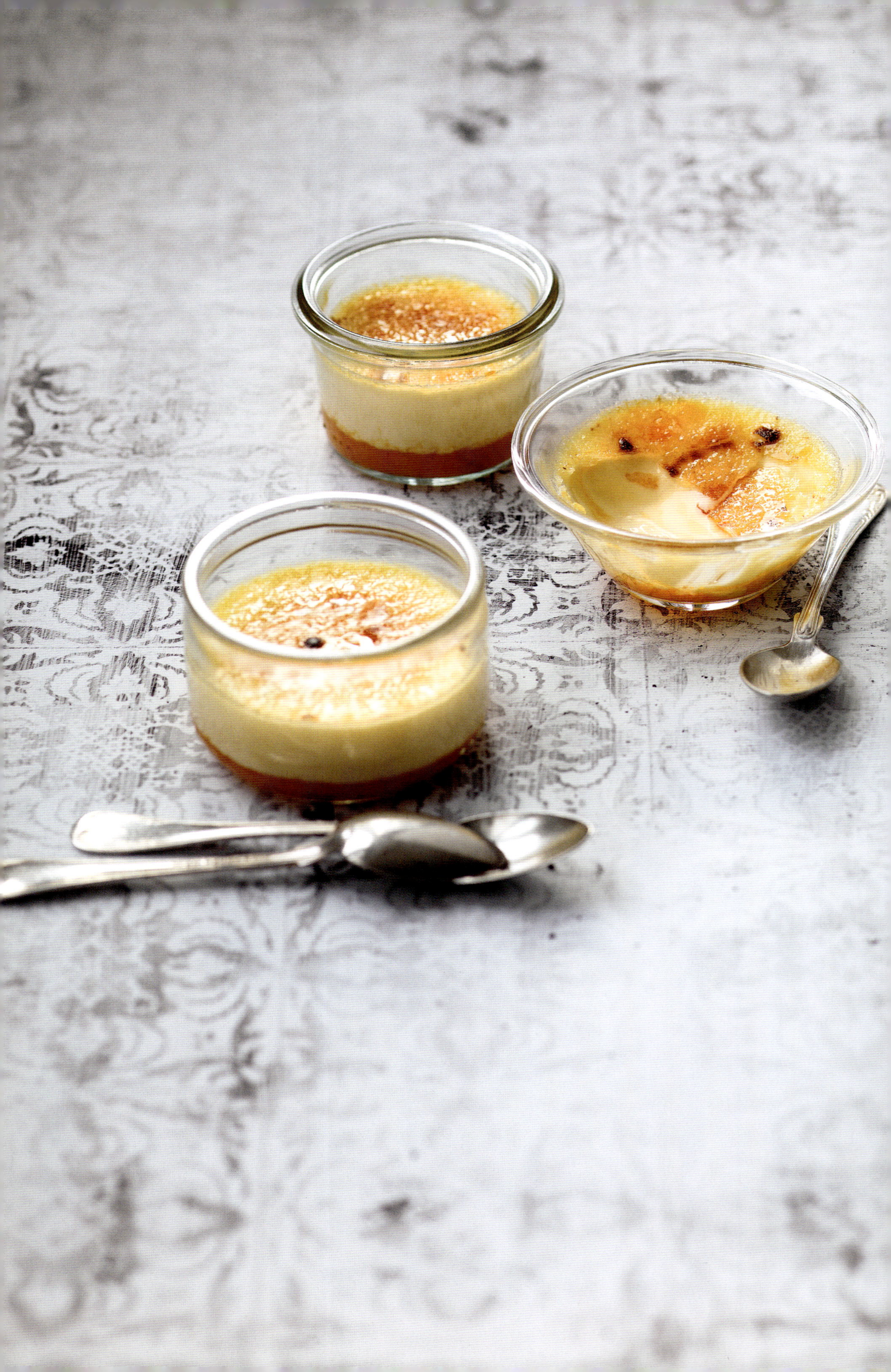

Klein & süß

Crème brûlée mit Passionsfrucht

Karamellisierte Fruchtcreme mit exotischem Touch

Zubereitung: 20 Minuten plus etwa 40 Minuten Koch- und Backzeit plus 12 Stunden Kühlzeit
Ergibt 8 Portionen

Zutaten

3 Passionsfrüchte
2 EL Zucker
1 Bio-Zitrone
250 ml Sahne
2 frische Eigelb
25 g Zucker

Außerdem

8 ofenfeste Förmchen von je etwa 100 ml Volumen
2 EL Zucker zum Bestreuen
ein Bunsenbrenner

- Die Passionsfrüchte halbieren, das Fruchtfleisch herauslösen und in einen kleinen Topf geben. Mit dem Zucker aufkochen. Die Fruchtsauce durch ein Sieb passieren und auf die Förmchen verteilen, kühl stellen.

- Die Zitronenschale fein abreiben. In einem Topf mit der Sahne unter Rühren aufkochen, beiseitestellen. Eigelb mit dem Zucker schaumig schlagen. Die heiße Sahne unter Rühren dazugießen. Die Eiersahne durch ein Sieb vorsichtig in die Förmchen gießen.

- Den Backofen auf 110 °C (Umluft nicht geeignet) vorheizen. Die Creme im vorgeheizten Ofen auf der mittleren Schiene im Wasserbad etwa 30 Minuten stocken lassen. Die Förmchen herausnehmen, abkühlen lassen und 12 Stunden kühl stellen.

- Den Zucker auf der Creme verteilen und mit dem Bunsenbrenner goldbraun karamellisieren.

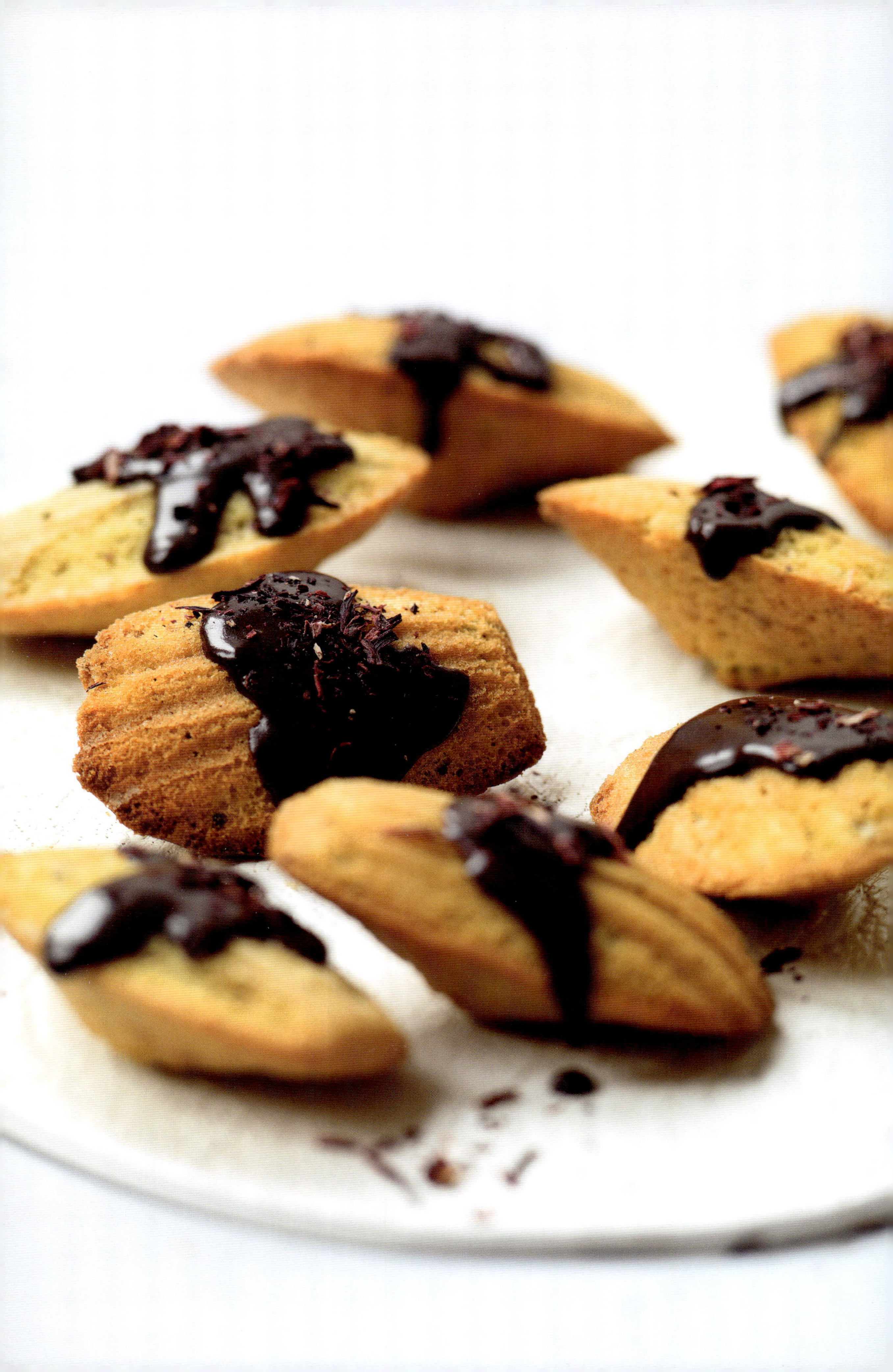

Haselnuss-Kardamom-Madeleines

Glasiert und hübsch dekoriert mit Hibiskusblüten

Zubereitung: 30 Minuten plus etwa 15 Minuten Backzeit
Ergibt etwa 8 Stück

Zutaten

Für die Madeleines
25 g gemahlene Haselnusskerne
75 g Mehl
75 g Puderzucker
1 TL Kardamom
½ TL Backpulver
1 Prise Salz
60 g Butter
2 Eier

Für die Glasur
3 EL Puderzucker
1 EL Kakaopulver
1 EL Milch
getrocknete Hibiskusblüten (aus dem Feinkosthandel)

Außerdem
ein Madeleine-Blech mit 8 Vertiefungen von etwa 7 cm Länge, gefettet und bemehlt

Für die Madeleines die Haselnusskerne in einer Pfanne ohne Fett bei mittlerer Temperatur kurz rösten, abkühlen lassen. Den Backofen auf 180 °C (Umluft 160 °C) vorheizen. In einer Schüssel Mehl, Puderzucker, Kardamom, Backpulver und Salz mischen, die Haselnusskerne unterheben.

In einer Pfanne bei mittlerer Temperatur die Butter zerlassen und etwas abkühlen lassen. In einer weiteren Schüssel mit den Eiern gut verrühren, die Mehlmischung unterheben. Den Teig auf die vorbereiteten Formen verteilen. Die Madeleines im vorgeheizten Ofen auf der mittleren Schiene etwa 15 Minuten backen. Aus dem Ofen nehmen und auf einem Gitter abkühlen lassen.

Für die Glasur in einer kleinen Schüssel Puderzucker, Kakaopulver und Milch zu einer dickflüssigen Creme verrühren. Die Hibiskusblüten im Mörser zerdrücken. Die Madeleines aus der Form lösen, mit der Oberseite nach unten auf das Gitter legen, mit der Glasur beträufeln und mit den Hibiskusblüten bestreuen. Trocknen lassen.

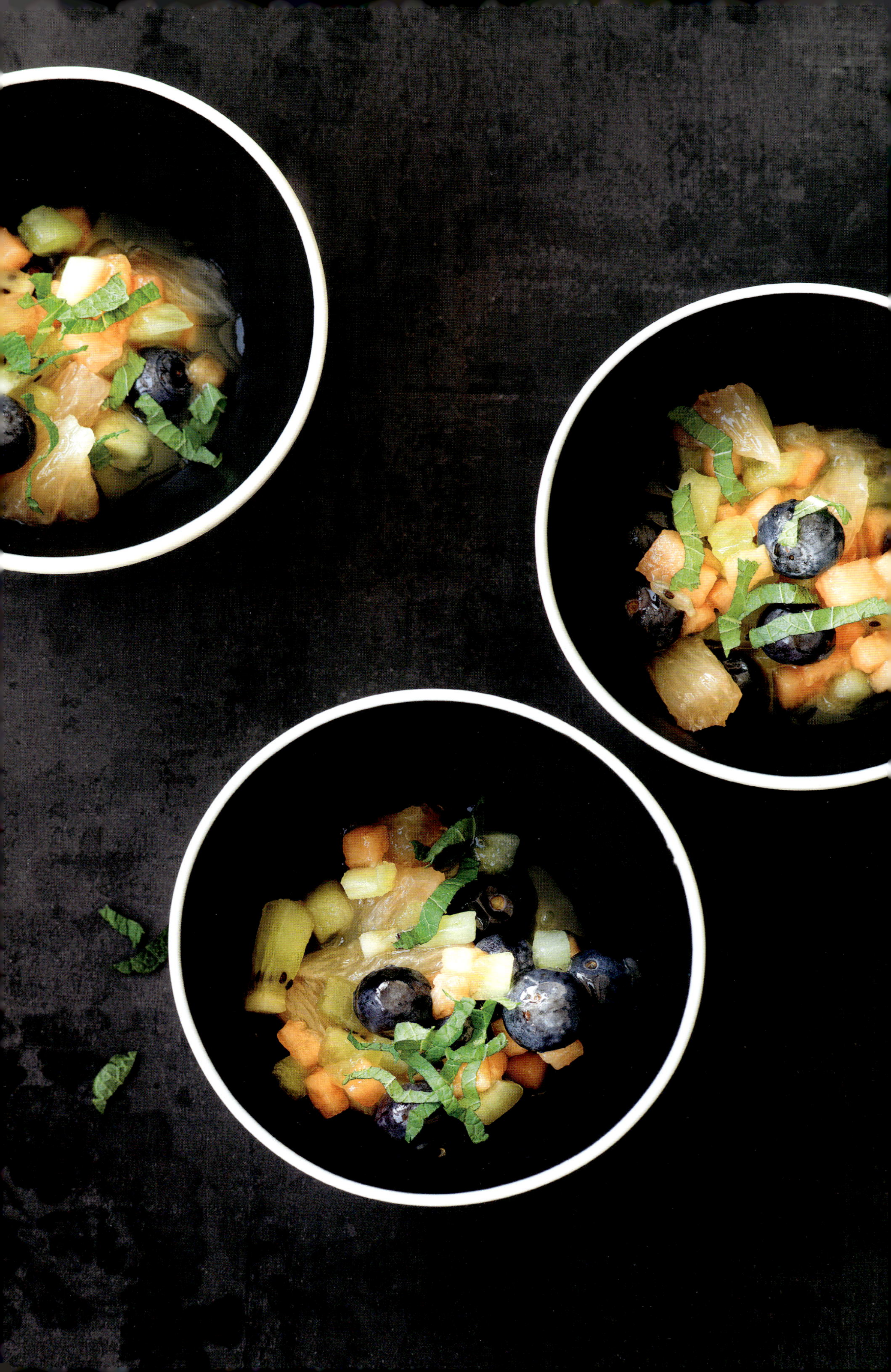

Fruchtsalat

Warum nicht mal mit unkonventionellen Früchten?

Zubereitung: 25 Minuten plus 30 Minuten Kühlzeit
Ergibt etwa 8 Portionen

Zutaten

100 g Grapefruit-Filets, fein geschnitten
75 g Melone (z. B. Charentais), fein gewürfelt
1 Kiwi, fein gewürfelt
50 g Heidelbeeren
1 EL Honig

Außerdem

Minzeblätter zum Dekorieren
8 Schälchen

- Für den Fruchtsalat in einer Schüssel die Früchte und den Honig mischen. Zugedeckt 30 Minuten kühl stellen. Den Salat auf Schälchen verteilen. Minzeblätter in feine Streifen schneiden und darüberstreuen.

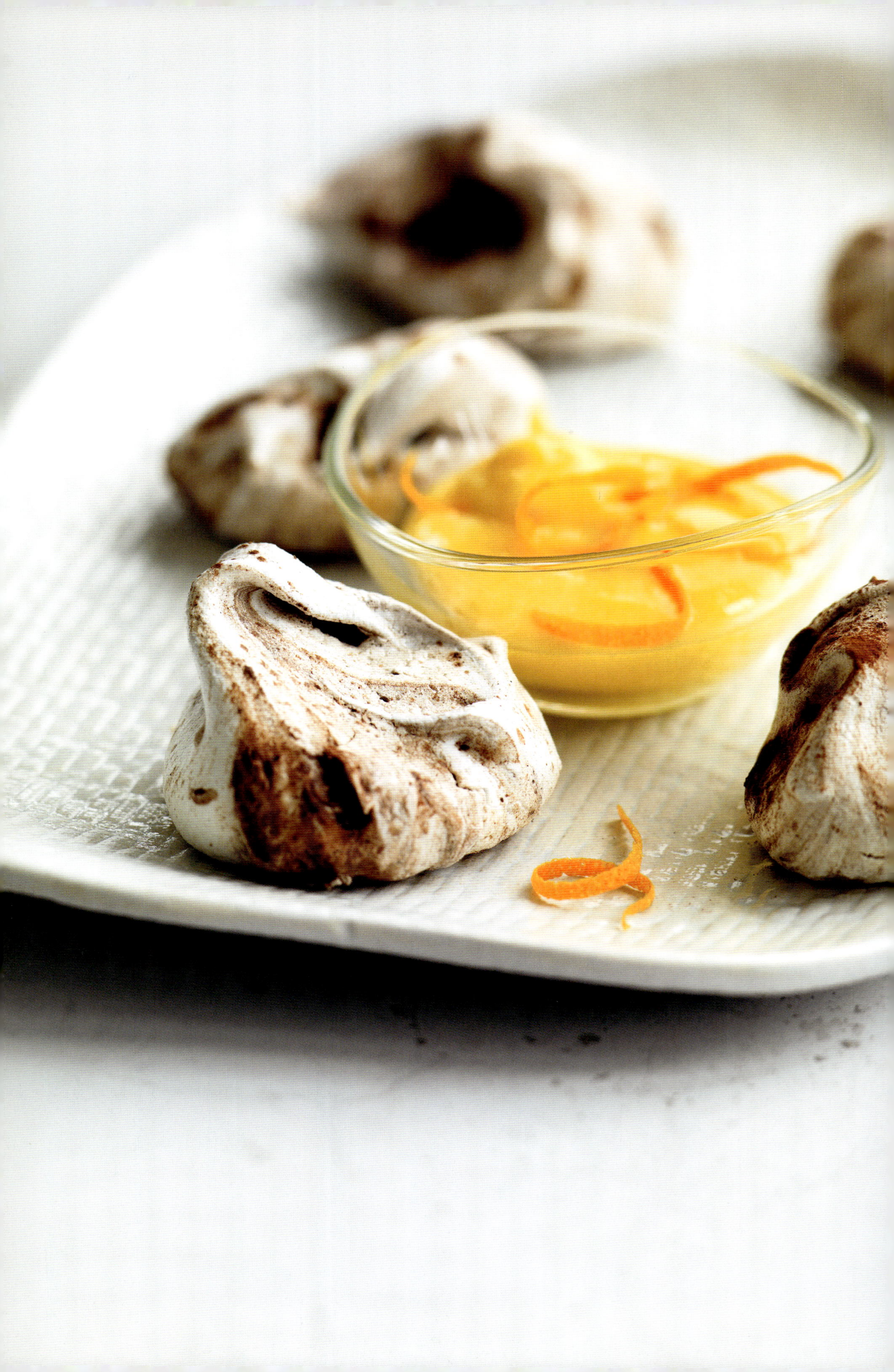

Meringues mit Orangen-Curd

Zuckergebäck mit cremiger Überraschung

Zubereitung: 30 Minuten plus etwa 75 Minuten Backzeit
plus 3 Stunden Kühlzeit
Ergibt etwa 8 Stück

Zutaten

Für den Orangen-Curd
80 g Zucker
2 frische Eigelb
1 frisches Ei
1 Bio-Orange
2 TL Speisestärke
50 g kalte Butter

Für die Meringues
1 frisches Eiweiß
1 Prise Salz
50 g Zucker
1 TL Kakaopulver

- Für den Orangen-Curd Zucker, Eigelb und Ei in eine Chromschüssel geben. Von der Orange 1 TL Schale fein abreiben und 80 ml Saft auspressen. Beides mit der Speisestärke verrühren und in die Schüssel geben. Alles mit dem Mixer gut verrühren. Die Masse in der Schüssel im Wasserbad so lange aufschlagen, bis sie dick wird und sich mit einem Löffel Fäden ziehen lassen. Die Schüssel vom Wasserbad nehmen und die Butter in Flöckchen unterrühren, bis sie sich aufgelöst hat. Den Orangen-Curd in ein sauberes Glas füllen und 3 Stunden kühl stellen.

- Für die Meringues den Backofen auf 90 °C (Umluft 70 °C) vorheizen. Das Eiweiß mit dem Salz sehr steif schlagen, den Zucker nach und nach unter Rühren zufügen. Weiterrühren, bis eine glänzende Masse entsteht. Das Kakaopulver vorsichtig unterrühren. Vom Teig acht Häufchen auf ein mit Backpapier belegtes Blech setzen. Die Meringues im vorgeheizten Ofen auf der mittleren Schiene etwa 75 Minuten backen. Aus dem Ofen nehmen und abkühlen lassen. Meringues mit Orangen-Curd servieren.

Klein & süß

Luftige Bällchen mit weißer Schokoladen-Mousse

Vollendete Profiteroles der verführerischsten Art

Zubereitung: 30 Minuten plus 2 Stunden Kühlzeit plus 25 Minuten Backzeit
Ergibt etwa 8 Stück

Zutaten

Für die Schokoladen-Mousse
75 ml Sahne
50 g weiße Schokolade

Für die Bällchen
25 g Butter
½ EL Zucker
¼ TL Salz
50 g Mehl
1 Ei

Für die Glasur
50 g Puderzucker
2 ½ TL kräftiger Früchtetee

Außerdem
kandierte Rosenblätter zum Dekorieren (siehe Seite 10 f.)

- Für die Mousse in einem Topf bei niedriger Temperatur die Sahne erwärmen. Die Schokolade fein hacken und in eine Schüssel geben. Die Sahne darübergießen und die Schokolade unter Rühren schmelzen lassen. Anschließend mindestens 2 Stunden kühl stellen.

- Für die Bällchen in einem Topf 100 ml Wasser, Butter, Zucker und Salz aufkochen. Den Topf vom Herd ziehen. Das Mehl auf einmal hineingeben und mit einem Holzlöffel gut verrühren. Den Topf zurück auf die Herdplatte ziehen und den Teig etwa 1–2 Minuten abbrennen (siehe Seite 10 f.), sodass ein kompakter Teigkloß entsteht. Den Teig etwas abkühlen lassen. Das Ei verquirlen und gut unter den Teig mischen.

- Den Teig in einen Spritzbeutel geben und acht walnussgroße Häufchen auf ein mit Backpapier belegtes Blech spritzen. Den Backofen auf 180 °C (Umluft 160 °C) vorheizen. Die Bällchen im vorgeheizten Ofen auf der mittleren Schiene etwa 25 Minuten backen. Die Ofentür öffnen und die Bällchen im Ofen abkühlen lassen.

- Die Mousse mit dem Mixer schaumig schlagen, in einen Spritzbeutel mit kleiner Tülle geben. Die Mousse in die Bällchen spritzen.

- Für die Glasur in einer Schüssel Puderzucker und Tee zu einer dickflüssigen Creme verrühren. Die Glasur über die Bällchen träufeln und diese mit Rosenblättern dekorieren. Bis zur Verwendung kühl stellen.

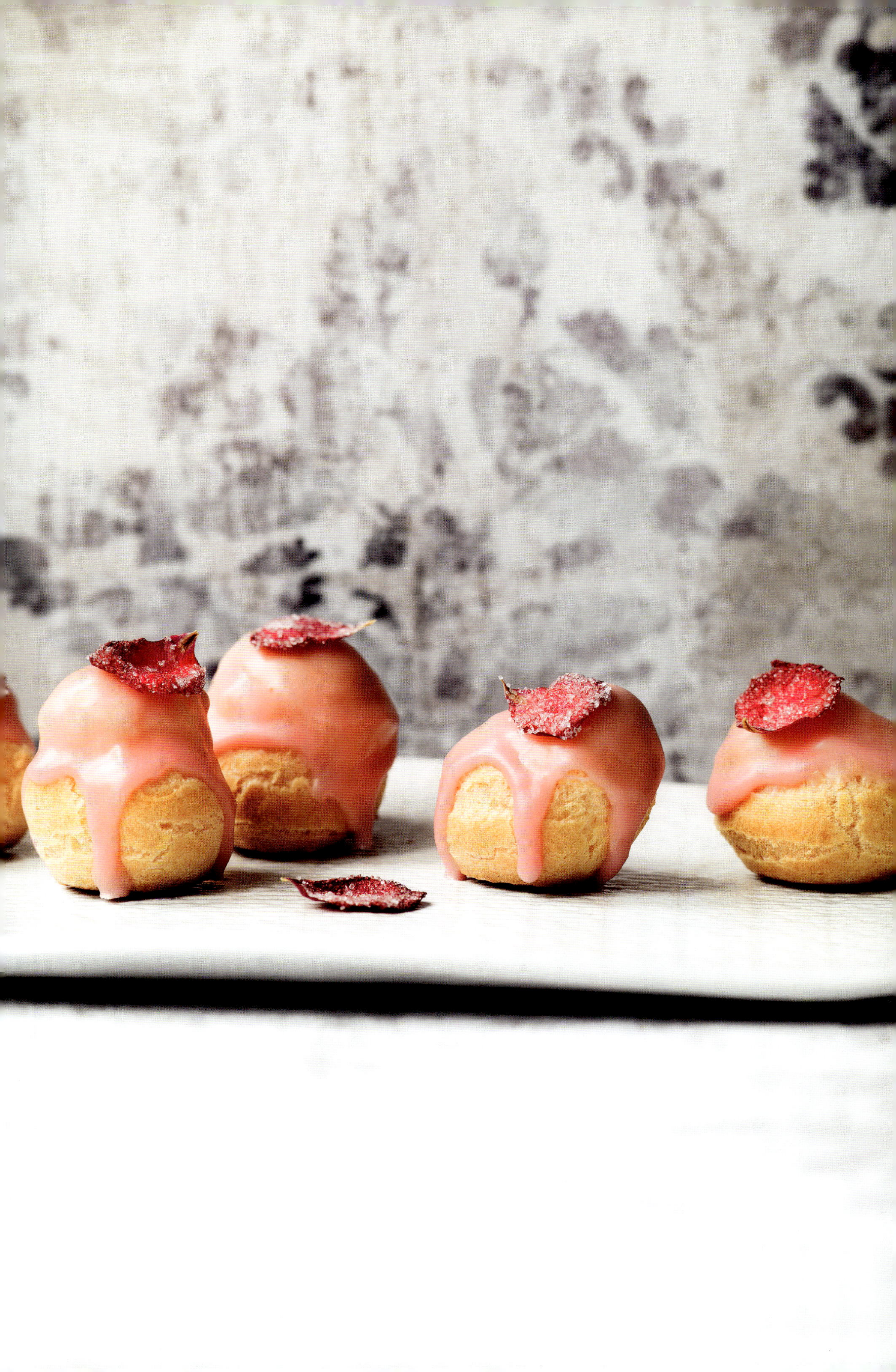

Klein & süß

Erdbeer-Mousse

Himmlische Versuchung in Rosa

Zubereitung: 20 Minuten plus 10 Minuten Kochzeit plus 2 Stunden Kühlzeit
Ergibt etwa 8 Portionen

Zutaten

Für die Erdbeer-Mousse
200 g Erdbeeren
100 ml Prosecco
1 Ei
3 EL Zucker
1 EL Speisestärke
50 ml Sahne

Außerdem
8 Gläschen von je etwa 75 ml Volumen
getrocknete Gänseblümchen (siehe Seite 10 f.)

Für die Mousse die Erdbeeren vierteln. In einem Topf Prosecco, Ei, Zucker und Stärke verquirlen. Die Erdbeeren zugeben. Die Mischung unter Rühren langsam aufkochen und bei reduzierter Temperatur weiterköcheln lassen, bis die Creme zu binden beginnt. Den Topf vom Herd nehmen und etwa 1 Minute weiterrühren. Die Creme pürieren und durch ein Sieb in eine Schüssel streichen. Abkühlen lassen und 2 Stunden kühl stellen. Die Sahne steif schlagen und unterziehen. Die Mousse in die Gläschen verteilen und kühl stellen. Vor dem Servieren mit den Gänseblümchen dekorieren.

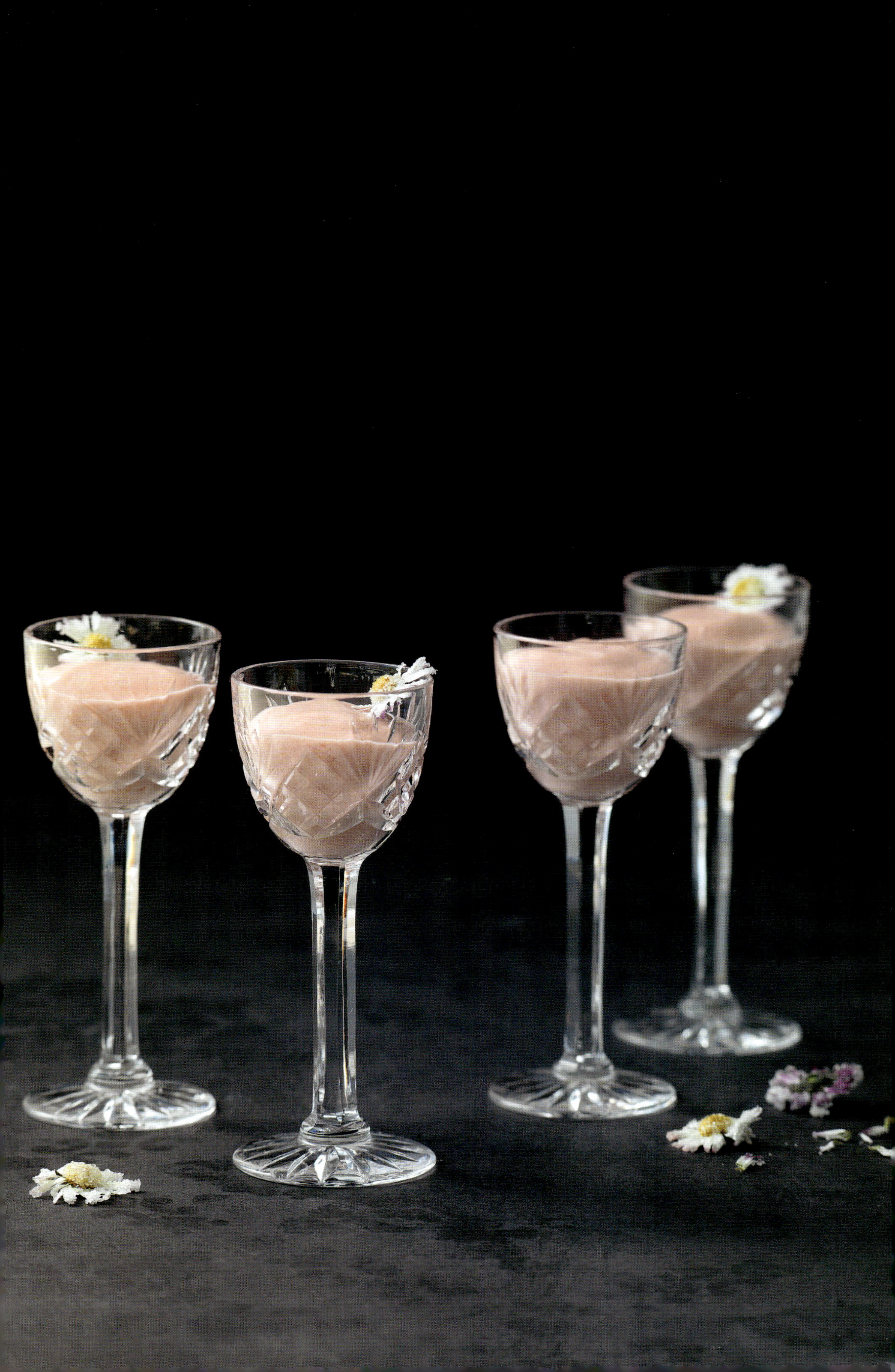

Klein & süß

Mokka-Soufflé

Lauwarm servierte Extravaganz, verfeinert mit einem Schuss Cointreau.

Zubereitung: 30 Minuten plus etwa 10 Minuten Backzeit
Ergibt etwa 8 Portionen

Zutaten

25 g Butter plus 1 EL weiche Butter für die Förmchen
1 EL Zucker
100 ml Milch
2 g Instant-Kaffeepulver
1 TL Zimt
25 g Mehl
2 EL Cointreau
2 Eier
1 Prise Salz
50 g Zucker

Außerdem

8 ofenfeste Förmchen von etwa 50 ml Volumen
Kakaopulver zum Bestauben

- Für die Soufflés den Backofen auf 220 °C (Umluft nicht geeignet) vorheizen. Die Förmchen mit Butter ausstreichen und mit Zucker bestreuen. In einem Topf die Milch mit dem Kaffeepulver und dem Zimt aufkochen. In einem weiteren Topf die Butter bei mittlerer Temperatur zerlassen und das Mehl einrühren. Die Kaffee-Würz-Milch unter Rühren langsam dazugießen. Die Flüssigkeit in eine Schüssel gießen und den Cointreau unterrühren.

- Die Eier trennen. Eigelb unter die Mokkamasse rühren und Eiweiß mit dem Salz steif schlagen. Den Zucker zugeben und weiterrühren, bis der Eischnee glänzt. Den Eischnee unter die Mokkamasse heben und die Masse auf die Förmchen verteilen. Die Soufflés im vorgeheizten Ofen auf der mittleren Schiene im Wasserbad 10 Minuten backen. Die Soufflés aus dem Ofen nehmen, mit Kakaopulver bestauben und sofort servieren.

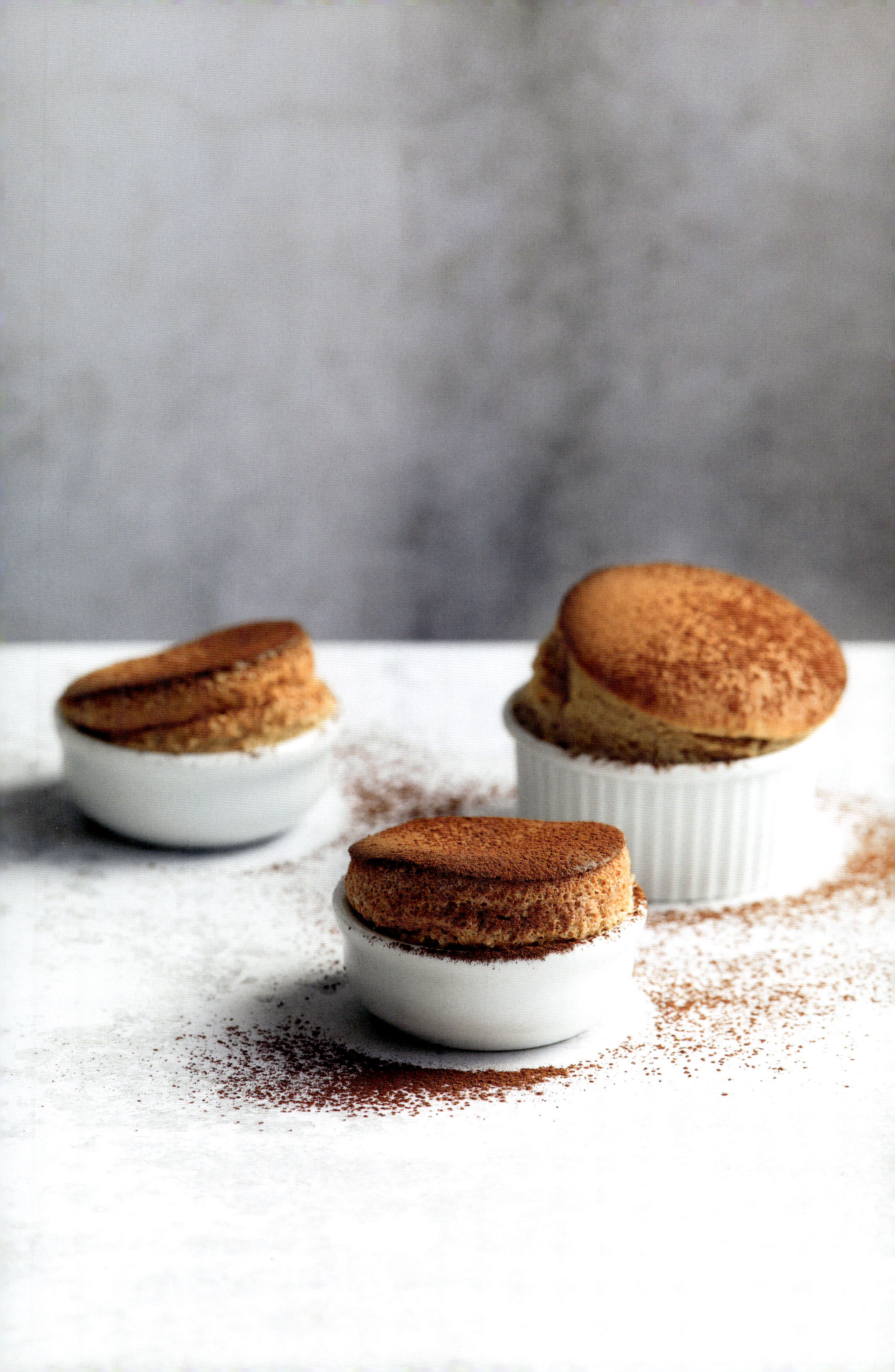

Mandelschnitten

Wer kann dieser Kleinigkeit schon widerstehen?

Zubereitung: 30 Minuten plus 2 Stunden Kühlzeit
Ergibt etwa 16 Stück

Zutaten

3 EL Mandelblättchen
1 EL Puderzucker
100 g dunkle Schokolade
50 ml Sahne
15 g Butter
1 EL Whiskey
3 EL Kakaopulver

Außerdem

eine Form von etwa 13 × 9 cm, mit Klarsichtfolie ausgelegt

Für die Mandelschnitten in einer beschichteten Pfanne die Mandelblättchen bei mittlerer Temperatur goldbraun rösten. Den Puderzucker darüberstauben und flüssig werden lassen, bis die Mischung goldbraun karamellisiert. Die Masse sofort auf ein mit Backpapier belegtes Backblech geben und abkühlen lassen. Anschließend grob hacken. Die Schokolade fein hacken, mit der Sahne und der Butter in eine Schüssel geben. Die Schokolade im Wasserbad unter Rühren schmelzen, dann die Mandelblättchen und den Whiskey unterrühren. Die Masse in die vorbereitete Form gießen, flach streichen und 2 Stunden kühl stellen. Aus der Form stürzen, in 16 Stücke schneiden und im Kakaopulver wenden. Gekühlt aufbewahren.

Himbeerkugeln

Schokolade und Beere im aufsehenerregenden Kokos-Outfit

Zubereitung: 30 Minuten plus 4 Stunden Kühlzeit
Ergibt etwa 16 Stück

Zutaten

- 2 EL gefriergetrocknete Himbeeren (aus dem Feinkosthandel)
- 125 g weiße Schokolade
- 30 ml Sahne
- 15 g Butter
- 1 EL Limettensaft
- 4 EL Kokosflocken

Für die Himbeerkugeln die Beeren in der Küchenmaschine fein mahlen oder mit einem leistungsstarken Pürierstab fein verarbeiten, beiseitestellen. Die Schokolade fein hacken, mit der Sahne und der Butter in eine Schüssel geben. Die Schokolade im Wasserbad unter Rühren schmelzen, das Beerenpulver und den Limettensaft unterrühren. Die Schüssel vom Wasserbad nehmen und etwas abkühlen lassen, anschließend die Creme 2 Stunden kühl stellen. Die Creme in 16 Portionen teilen und mit kalten Händen rasch zu Kugeln formen. Die Kokosflocken auf einen Teller geben und die Kugeln darin wenden, die Flocken gut andrücken. Die Himbeerkugeln erneut 2 Stunden kühl stellen.

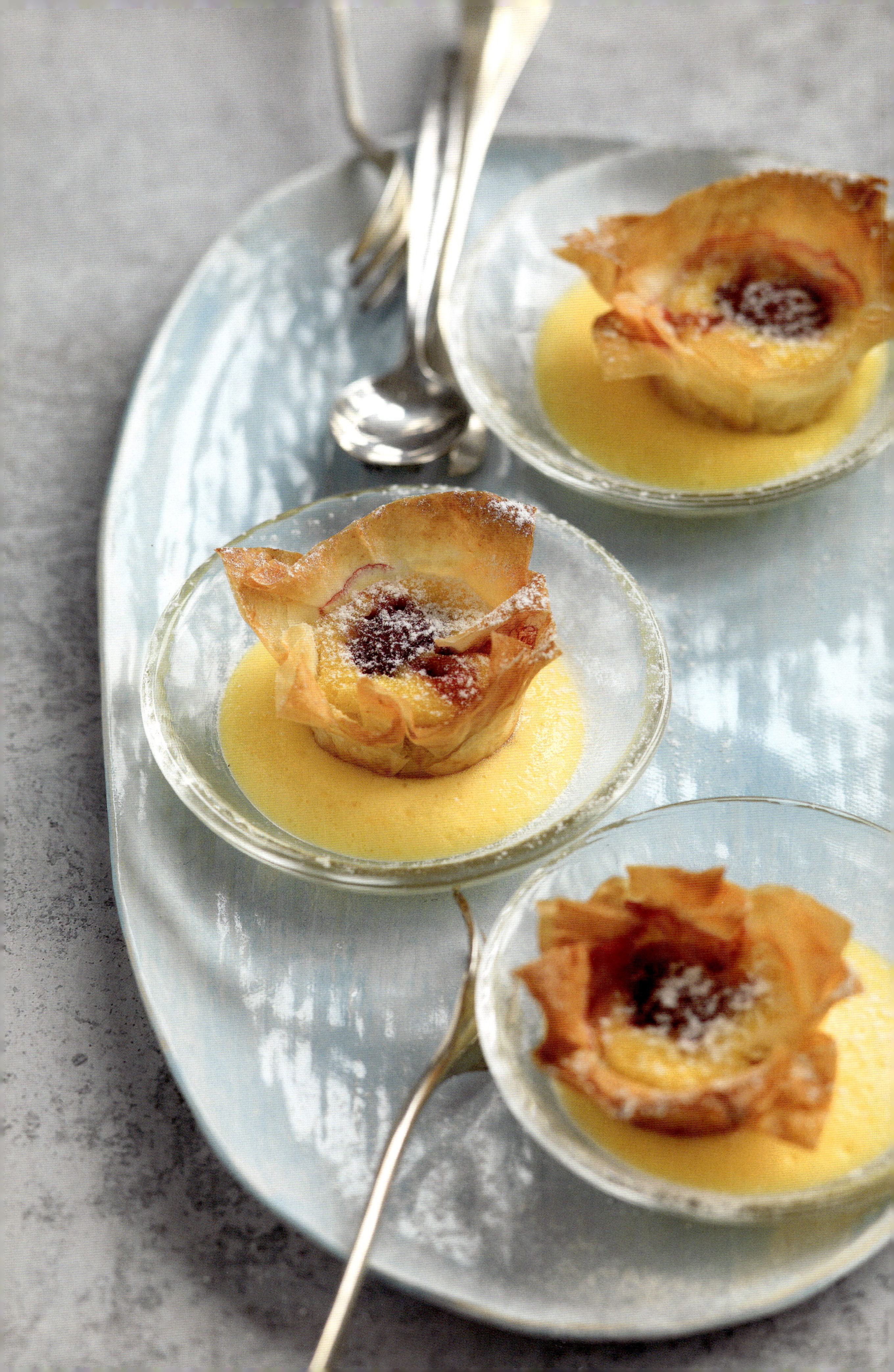

Strudelnestchen auf Orangen-Sabayon

Verspieltes Feingebäck auf samtener Schaumcreme

Zubereitung: 30 Minuten plus etwa 10 Minuten Backzeit
Ergibt etwa 8 Stück

Zutaten

Für die Strudelnestchen
2 Blätter Strudelteig (Fertigprodukt, etwa 40 × 37 cm)
25 g zerlassene Butter
25 g Crème fraîche
1 Ei
1 EL Hartweizengrieß
1 EL Puderzucker
8 Himbeeren

Für die Sabayon
2 EL Orangensaft
1 EL Cointreau
1 Eigelb
1 EL Zucker

Außerdem
Ein Cupcake-Blech mit 8 Vertiefungen von je etwa 4,5 cm Ø, gefettet
8 Schälchen
Puderzucker zum Bestauben

- Für die Strudelnestchen die Teigblätter mit der Butter bestreichen und jeweils in 8 Quadrate schneiden. Je zwei Quadrate leicht versetzt aufeinanderlegen und in die Vertiefungen des Blechs legen. In einer Schüssel Crème fraiche, Ei, Hartweizengrieß und Puderzucker gut mischen und auf die Strudelnestchen verteilen. Jeweils eine Himbeere darauflegen. Den Backofen auf 180 °C (Umluft 160 °C) vorheizen. Die Strudelnestchen im vorgeheizten Ofen auf der mittleren Schiene etwa 10 Minuten backen. Aus dem Ofen nehmen und etwas abkühlen lassen.

- Für die Sabayon in einer Chromschüssel Orangensaft, Cointreau, Eigelb und Zucker mit einem Mixer gut verrühren. Die Mischung im Wasserbad unter ständigem Rühren schaumig schlagen, bis sich mit einem Löffel Fäden ziehen lassen. Die Sabayon auf kleine Schälchen verteilen, die Strudelnestchen daraufsetzen und mit Puderzucker bestauben. Sofort servieren.

Register

A
Abwiegen 8
Ananas-Ketchup 130
Apfel-Koriander-Minze-Salat 43
Arbeitstechniken 8 ff.
   abwiegen 8
   Amuse-Bouches als Vorspeise 8
   Blüten kandieren 10 f.
   Büfetts zusammenstellen 11
   dämpfen 8 ff.
   Kräuter frittieren 10 f.
   Pinzette 8
   vorbereiten 8
   Wasserbad 8
Austern mit Gurken-Julienne und Prosecco-Granité 90
Austern mit Käse-Mandel-Streuseln 91
Avocado-Creme mit Passionsfrucht-Sauce 23
Avocado-Salat 100

B
Beeren-Tartelettes 139
Blätterteig-Pastetchen 8 ff.
Blüten kandieren 10 f.
Brandteig 10 f.
Büfett 11

C
Camembert-Täschchen 63
Caponata auf Polenta-Talern 97
Champignons mit Hüttenkäse 15
Chia-Kräcker mit dreierlei Dip 78 f.
Chili-Waffeln 54
Crème brûlée mit Passionsfrucht 141

D
dämpfen 8 ff.
Dim Sum mit Garnelen 61
Dim Sum mit Pilzen 60
Dips
   Ananas-Ketchup 130
   Balsamico-Honig-Dip 21
   Feta-Dip 79
   Honig-Joghurt-Dip 125
   Joghurt-Dip 135
   Paprika-Dip 78
   Thunfisch-Dip 79
   Yuzu-Mayonnaise 81
Dörrfrüchtebrot mit Parmaschinken 82

E
Erbsentörtchen mit Lachs und Dill 49
Erdbeer-Mousse 150

F
Frischkäsecreme auf Chili-Brezelchen 54
Frittierte Tintenfischringe mit Honig-Joghurt-Dip 125
Fruchtsalat 145
Frühlingsröllchen 68

G
Gebackene Edamame 14
Gebratene Fischspießchen 107
Gebratene Jakobsmuschel auf Toast mit Yuzu-Mayonnaise 81
Gedämpfte Hefeteigtaschen 65
Gefüllte Eier 86
Gefüllte Pimientos mit Cranberry-Streusel 95
Gemüsewürfel mit Balsamico-Honig 21
Getränke 11
Gorgonzola-Ecken mit Zwiebel-Confit 71
Griechische Hähnchen-Spießchen 113

H
Hähnchen-Hörnchen 74
Hähnchen-Nuggets auf Ananas-Ketchup 130
Haselnuss-Kardamom-Madeleines 143
Heidelbeer-Bohnen-Salat 93
Himbeer-Kugeln 155
Hüttenkäsetörtchen mit Apfel-Koriander-Minze-Salat 43

J
Joghurt-Mousse 133

K
Kalbfleisch-Spießchen mit Rucola-Vinaigrette 119
Karotten-Mango-Süppchen 31
Kartoffel-Bulgur-Frikadellen mit Granatapfelkernen 26
Käse-Trauben-Spießchen 110
Kichererbsen-Blinis mit Heidelbeer-Bohnen-Salat 93
Kiwi-Sauce 115
Knusperrollen mit rassigem Hähnchen 123
Kohlrabi-Tartelettes 50

Register

Kokos-Curry-Süppchen 31
Konfierte Auberginen-Röllchen 104
Konfierte Lammwürfel in Olivenöl 19
Kräuter frittieren 10 f.
Kräuterkringel mit Joghurt-Dip und Tomaten-Salsa 135

L
Lachs-Hörnchen 74
Lachs-Tempura auf Maissalat 129
Lauge 74
Leber-Paté mit Nussbrot-Chips 39
Luftige Bällchen mit weißer Schokoladenmousse 148

M
Maissalat 129
Mandelschnitten 154
Mango-Chutney 17
Meringues mit Orangen-Curd 147
Mexikanische Pastetchen 66
Mini-Calzone 127
Mohnspiralen 36
Mokka-Soufflé 152

N
Nussbrot-Chips 39

O
Orangen-Curd 147
Orangen-Sabayon 157

P
Pancake-Spießchen 109
Papadam-Chips mit Joghurt-Mousse 133
Papadam-Chips mit Peppadew-Speck-Tatar 133
Peppadew-Speck-Tatar 133
Pinzette 8
Polenta-Taler 97
Polpette mit Sugo 35
Puten-Birnen-Spießchen 110

R
Rassiges Rindertatar 89
Reisperlen auf Mango-Chutney 17
Rote-Bete-Macarons 99
Rucola-Vinaigrette 119

S
Saucen
 Erdnuss-Sauce 25
 Passionsfucht-Sauce 23
Sugo 35
 Tomaten-Salsa 135
Schinkenpastetchen 47
Schweinefleisch-Spießchen mit Kiwi-Sauce 115
Sellerie-Mousse mit Erdnuss-Sauce 25
Spargel-Tartelette mit Kräutersalat 45
Strudelnestchen auf Orangen-Sabayon 157
Süßkartoffel-Lauch-Pastetchen 67
Sweet-Chili-Eis mit gebratenen Garnelen 29

T
Tartelettes mit Cannellini-Bohnen und Muscheln 57
Teige
 Brandteig 10 f.
 Brezelteig 54
 Dim-Sum-Teig 60
 Früchtebrotteig 82
 Hefeteig (Hefeteigtaschen) 65
 Hefeteig (Mini-Calzone) 127
 Macaron-Teig 99
 Madeleine-Teig 143
 Mürbeteig (Mohnspiralen) 36
 Mürbeteig (Spargel-Tartelette) 45
 Mürbeteig (Mexikanische Pastetchen) 66
 Ölteig 50
 Quarkteig 139
 Tempura-Teig 129
Thunfisch-Sandwiches 73
tiefkühlen 8 f.
Tofu-Häppchen mit Knusperhaube 84
Tomatenpastetchen 47
Tomaten-Sorbet mit Mozzarella-Perlen 32
Tortilla-Häppchen mit Chorizo 117

V
vorbereiten 8
Vorspeise 11

W
Warmer Ziegenkäse auf Avocado-Salat 100
Wasabi-Mousse mit Mohnspiralen 36
Wasserbad 8

Z
Zwiebel-Confit 71
Zwiebel-Quiches mit Speck 53

Einfach & anders

160 Seiten
ca. 120 Abb.
19,0 x 28,5 cm
Klappenbroschur

Breakfast & Brunch
ISBN 978-3-86244-480-9

Pralinen & Co.
ISBN: 978-3-86244-696-4

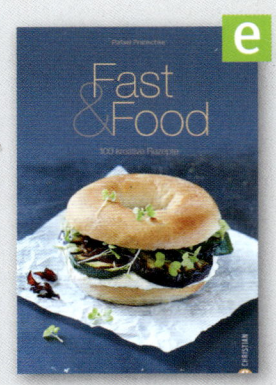

Fast Food
ISBN 978-3-86244-346-8

Fondue & Co.
ISBN 978-3-86244-675-9

Kaffee & Klatsch
ISBN: 978-3-86244-134-1

Kochen mit Schokolade
ISBN 978-3-86244-262-1

Salsa & Dip
ISBN 978-3-86244-226-3

Salz & Pfeffer
ISBN 978-3-86244-678-0

Sous-Vide Dampfgaren
ISBN 978-3-86244-588-2

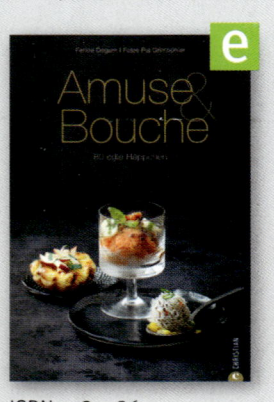

Amuse Bouche
ISBN 978-3-86244-757-2

Tajine vegetarisch
ISBN 978-3-86244-572-1

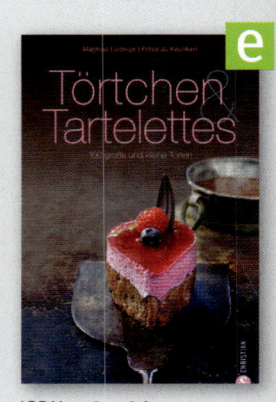

Törtchen Tartelettes
ISBN 978-3-86244-319-2

Alle Titel der Reihe erhältlich in Ihrer Buchhandlung oder unter
www.christian-verlag.de

CHRISTIAN